Verzeichniß

der

Guttentag'schen Sammlung

Deutscher Reichsgesetze

und

Preußischer Gesetze.

Text-Ausgaben mit Anmerkungen.

Taschenformat.

Deutsche Reichsgesetze grün,
Preußische Gesetze grau cartonnirt.

Berlin SW.48
Wilhelmstraße 119/120
J. Guttentag, Verlagsbuchhandlung.
1895.

Guttentag'sche Sammlung
Nr. 15. Deutscher Reichsgesetze. Nr. 15.
Text-Ausgaben mit Anmerkungen.

Gerichtskostengesetz

und

Gebührenordnung für Gerichtsvollzieher

nebst der Novelle vom 29. Juni 1881,

Gebührenordnung für Zeugen und Sachverständige.

Text-Ausgabe mit Anmerkungen, Kostentabellen und Sachregister

von

R. Sydow.

Fünfte, vermehrte Auflage.

Berlin SW. 48.
J. Guttentag, Verlagsbuchhandlung.
1894.

Inhalt.

Abkürzungen.

Blum	bedeutet	Urtheile und Annalen des Reichsgerichts in Civilsachen. Herausgegeben von Blum. Bd. I—III.
Braun u. Blum	„	Annalen des Reichsgerichts. Unter Mitwirkung von Braun herausgegeben von Blum. Bd. I—X.
C.P.O.	„	Civilprozeßordnung.
E.G.	„	Einführungsgesetz.
G.O. f. R.A.	„	Gebührenordnung für Rechtsanwälte.
G.V.G.	„	Gerichtsverfassungsgesetz.
Johow	„	Jahrbuch für Entscheidungen des Kammergerichts in Sachen der nichtstreitigen Gerichtsbarkeit und in Strafsachen. Bd. I—XIII. Bd. I—V herausgegeben von Johow und Küntzel, Bd. VI ff. von Johow.
J.M.Bl.	„	Justiz-Ministerial-Blatt.
Jur.Woch.	„	Juristische Wochenschrift. Herausgegeben von Haenle und Kempner. Bis Jahrgang 1893 einschl.
K.O.	„	Konkursordnung.
Kom.Ber.	„	Mündlicher Bericht der XI. Kommission über die Entwürfe 1. eines Gerichtskostengesetzes, 2. einer Gebührenordnung für Gerichtsvollzieher, 3. einer Gebührenordnung für Zeugen und Sachverständige (Drucksachen des Deutschen Reichstages: 3. Legislaturperiode, II. Session 1878 Nr. 228).

Mot.	bedeutet	Motive zum Entwurfe 1. eines Gerichtskostengesetzes, 2. einer Gebührenordnung für Gerichtsvollzieher, 3. einer Gebührenordnung für Zeugen und Sachverständige (Drucksachen des Deutschen Reichstages: 3. Legislaturperiode, II. Session 1878 Nr. 76).
Rassow u. Küntzel	„	Beiträge zur Erläuterung des Deutschen Rechts. Herausgegeben von Rassow und Küntzel. Bis Bd. 38 Heft 5 einschl.
R.G.	„	Entscheidungen des Reichsgerichts in Civilsachen. Herausgegeben von den Mitgliedern des Gerichtshofes. Bd. I bis XXXII.
R.G.	„	Entscheidungen des Reichsgerichts in Strafsachen. Herausgegeben von den Mitgliedern des Gerichtshofes. Bd. I bis XXIV.
R.G.B.	„	Reichs-Gesetzblatt.
St.G.B.	„	Strafgesetzbuch für das Deutsche Reich.
St.P.O.	„	Strafprozeßordnung.

Gesetz,

betreffend die Abänderung von Bestimmungen des Gerichtskostengesetzes und der Gebührenordnung für Gerichtsvollzieher.

Vom 29. Juni 1881.

(R.G.B. von 1881, Nr. 16, S. 178—184.)

In Kraft getreten am 15. Juli 1881. Art 4.

Artikel 1.

An Stelle der nachstehend bezeichneten Vorschriften des Gerichtskostengesetzes treten die folgenden Bestimmungen:

1. an Stelle des §. 22:
2. an Stelle des §. 23:
3. an Stelle des §. 34:
4. an Stelle des §. 35:
5. an Stelle des §. 36:
6. an Stelle des §. 37:
7. an Stelle des §. 38:
8. an Stelle des §. 39 Absatz 2:
9. an Stelle des §. 40:
10. an Stelle des §. 41:
11. an Stelle des §. 44:
12. an Stelle des ersten Absatzes des §. 46:
13. an Stelle des §. 47 Nr. 14:

14. an Stelle des §. 53:
15. an Stelle des §. 70:
16. an Stelle des §. 78:
17. an Stelle des §. 101:

(Die abgeänderten §§ sind an den betreffenden Stellen in der neuen Fassung eingeschaltet und mit einem Stern (*) bezeichnet.)

Artikel 2.

Hinter den §. 80 des Gerichtskostengesetzes werden die folgenden neuen §§. 80a und 80b eingestellt:

(Die neuen §§ sind an der betreffenden Stelle eingeschaltet und mit einem Stern (*) bezeichnet.)

Artikel 3.

An Stelle der nachstehend bezeichneten Vorschriften der Gebührenordnung für Gerichtsvollzieher treten die folgenden Bestimmungen:

1. an Stelle des §. 2:
2. an Stelle des §. 3:
3. an Stelle des ersten Absatzes des §. 4:
4. an Stelle des §. 11:
5. an Stelle des §. 15:
6. an Stelle des zweiten Absatzes des §. 17:

(Die abgeänderten §§ sind an den betreffenden Stellen in der neuen Fassung eingeschaltet und mit einem Stern (*) bezeichnet.)

Artikel 4.

Dieses Gesetz tritt am 15. Juli 1881 in Kraft.

1. Gerichtskostengesetz.

Vom 18. Juni 1878.

(R.G.B. von 1878, Nr. 22, S. 141—165.)
In Kraft getreten am 1. Oktober 1879.
§ 102. — § 1 E.G. zum G.B.G.
Eingeführt in Helgoland seit 1./4. 91 : Art. I Nr. VIII, 6
R.Ges. v. 22./3. 91 (R.G.B. 22).

Erster Abschnitt.

Allgemeine Bestimmungen.

Ansatz und Einziehung von Gebühren und Auslagen des Reichsgerichts: Dienstweisung vom 21./6. 79 (Centralbl. f. d. D. R. 473) u. v. 7./7. 87 (Centralbl. f. d. D. R. 309) — Vgl. auch Preuß. Allg. Verf. v. 19./8. 87 (J.M.Bl. 206) u. 18./1. 90 (J.M.Bl. 19). Württemb. Verf. v. 17./4. 86 (Amtsbl. d. Just.Min. 49). Badische Gerichtskostenordnung v. 2./1. 90 § 124 (Ges. u. Ver.Bl. 41). Elsaß-Lothr. Verf. v. 1./8. 88 (Samml. v. Ges. 2c. betr. die Just.Verw. Bd. XIII S. 255). — Ansatz u. Einziehung der Kosten der Landesgerichte: Preußen: §§ 28—30 Ges. v. 10./3. 79 (G.S. 145). Kasseninstruktion v. 15./7. 93 (J.M.Bl. v. 1893 S. 250, 324, u. v. 1894 S. 55), — dazu R.G. XXV, 332. Bayern: Art. 265, 267 Ges. v. 18./8. 79. (Ges. u. Ver.Bl. 903); §§ 16, 17 Verord. v. 20./9. 79 (Ges. u. Ver.Bl. 1195). Sachsen: §§ 1—4, 7, 16, 18 Verord. v. 1./9. 79 (J.M.Bl. 118), v. 3./8. 82 (J.M.Bl. 98) u. v. 13./8. 89 (J.M.Bl. 3). Württemberg: §§ 1—3 Verf. betr. das Kassen- und Rechnungswesen v. 20./9. 29 (Neue Justizgesetzgebung Bd. VI. S. 838). Verf. v. 25./3. 81 (Württ. Gerichtsbl. Bd. XIX. S. 49), v. 29./3. 87 (Amtsbl. d. Just.Min. 15) u. v. 23./5. 88 (Amtsbl. d. Just.Min. 23). Baden: Gerichtskostenordnung v. 2./1. 90 (Ges. u. Ver.Bl. 1); dazu Ver. v. 14./4. u. 21./7. 91 (Ges. u. Ver.Bl. 59, 155), Ver. v. 15./1. u.

13./5. 92 (Ges. u. Ver.Bl. 21, 268), v. 28./1. 93 (Ges. u. Ver.Bl. 26) u. 19./6. 94 (Ges. u. Ver.Bl. 277). Elsaß-Lothringen: § 21 Ges. v. 3./4. 80 (Ges.Bl. 58). §§ 1, 2 Instr. v. 26. u. 27./9. 79 Samml. v. Ges. 2c. betr. die Just.Verw. Bd. IV. S. 436).

Rechtshülfe der einziehenden Behörden: § 99.

1. In den vor die ordentlichen Gerichte[1] gehörigen Rechtssachen,[2] auf welche die Civilprozeßordnung,[3] die Strafprozeßordnung[4] oder die Konkursordnung Anwendung findet,[5] werden Gebühren und Auslagen der Gerichte nur nach Maßgabe dieses Gesetzes erhoben.[6]

[1] Und vor die Konsulargerichte. § 44 R.Ges. v. 10./7. 79 (R.G.Bl. 197). In den vor die Gerichte der deutschen Schutzgebiete gehörigen Rechtssachen ist die Geltung des Gerichtskostengesetzes auf Grund von § 2, § 3 Nr. 10, § 11 R.Ges. v. 19./3. 88 (R.G.Bl. 75) überall durch Verordnung des Reichskanzlers ausgeschlossen.

[2] §§ 12 u. 13 G.V.G.

[3] § 3 Abs. 1 E.G. zur C.P.O. — Jedoch: §§ 11, 15 Nr. 2, 3 E.G. zur C.P.O. — Auch im Rechtsmittel- und Zwangsvollstreckungsverfahren in gewerbegerichtlichen Sachen. § 59 R.Ges. v. 29./7. 90 (R.G.B. 155): vgl. auch § 57 Abs. 5 desselben Ges.

[4] § 3 Abs. 1 E.G. zur St.P.O. — Jedoch: § 3 Abs. 3 E.G. zur St.P.O.

[5] Ebenso in den den besonderen Gerichten überlassenen Rechtssachen, welche durch die Landesgesetzgebung bezw. Kaiserliche Verordnung den ordentlichen Gerichten gemäß § 3 Abs. 1, 2 E.G. zum G.V.G. übertragen werden, sofern in denselben kein von der C.P.O. oder St.P.O. abweichendes Verfahren vorgeschrieben wird. § 3 Abs. 2 E.G. zur C.P.O., § 3 Abs. 2 E.G. zur St.P.O. — Auf die Akte des schiedsrichterlichen Verfahrens findet das Gesetz nicht Anwendung. R.G. XXX, 224. Vgl. aber § 26 Nr. 8, 10 § 34 Nr. 2.

[6] Für das im vorliegenden Gesetz angeordnete Verfahren werden Gebühren nur erhoben, soweit auf dasselbe die Vorschriften der C.P.O. oder St.P.O. für anwendbar erklärt sind. Mot. 27. § 4 Abs. 2, § 16 Abs. 2, § 47 Abs. 2 Satz 2, § 48 Abs. 2.

2. Eine Erhebung von Stempeln und anderen Abgaben neben den Gebühren findet nicht statt.[1]

Urkunden, von denen im Verfahren Gebrauch gemacht wird, sind nur insoweit einem Stempel oder einer anderen Abgabe unterworfen, als sie es ohne diesen Gebrauch sein würden.[2]

Urkunden, welche im Verfahren errichtet werden, bleiben, soweit ihr Inhalt über den Gegenstand des Verfahrens hinausgeht,[3] den allgemeinen Vorschriften über Erhebung von Stempeln oder anderen Abgaben unterworfen.

[1] Ausnahme: §§ 100, 101.

[2] Prozeßvollmachten sind stempelpflichtig, wenn nach Landesrecht die Stempelpflicht bereits mit der Ausstellung, nicht erst mit ihrem Gebrauch im Prozeß beginnt. Verf. des Preuß. Just.Min. v. 19./4. 80 (J.M.Bl. 91); vgl. auch Verf. v. 10./2. 83 (J.M.Bl. 33) u. v. 21./2. 93 (J.M.Bl. 59). — Ebenso Kammergericht v. 15./12. 81 (Johow III, 260). Vgl. auch R.G. XVII, 427. — Nach der Preußischen Stempelgesetzgebung haftet der Rechtsanwalt für den Stempel der von ihm produzierten Vollmacht persönlich, Reichsgericht vom 5./3. 88 (Rassow u. Küntzel XXXII, 708), sofern nicht der Aussteller gemäß § 107 Nr. 1 C.P.O. Stempelfreiheit genießt.

[3] Die bei Zwangsvergleichen in Konkursen vor dem Konkursgericht abgegebenen Bürgschaftserklärungen unterliegen keinem Stempel. Preuß. Verf. v. 12./5. 93 (J.M.Bl. 142).

3. In einem weiteren Umfange, als die Prozeßordnungen[1] und dieses Gesetz[2] es gestatten, darf die Thätigkeit der Gerichte von der Sicherstellung oder Zahlung der Gebühren oder Auslagen nicht abhängig gemacht werden.

[1] §§ 344, 367, 792 C.P.O., § 147 St.P.O.

[2] §§ 84 Abs. 3, 85 Abs. 5, 97 Abs. 2.

4. Ueber Erinnerungen des Zahlungspflichtigen oder der Staatskasse[1] gegen den Ansatz[2] von Gebühren oder Auslagen[3] entscheidet das Gericht der Instanz gebührenfrei.[4] Die Entscheidung kann von dem Gerichte, welches dieselbe getroffen hat, sowie von dem Gerichte der höheren Instanz von Amtswegen geändert werden.

Gegen die Entscheidung findet Beschwerde nach Maßgabe der §§. 531 bis 538 der Civilprozeßordnung,[5] in Strafsachen nach Maßgabe der §§. 346 bis 352 der Strafprozeßordnung statt.[6]

Die Einlegung von Erinnerungen oder Beschwerden kann durch Erklärung zum Protokolle des Gerichtsschreibers oder schriftlich ohne Mitwirkung eines Anwalts erfolgen.

[1] Die Erinnerungen und Anträge können noch nach der rechtskräftigen Entscheidung oder nach Zahlung der Kosten geltend gemacht werden. Reichsgericht v. 15./11. 90 (Jur.Woch. 1891 S. 11). Vgl. aber § 5. — Preußen: Verf. v. 29./7. 82 (J.M.Bl. 279) u. v. 28./2. 85 (J.M.Bl. 90). Sachsen: Ver. v. 19./12. 80 (Ver.Bl. 3). Baden: § 125 Gerichtskostenordnung v. 2./1. 90 (Ges. u. Ver.Bl. 42). Elsaß-Lothringen: Verf. v. 29./6. 80 (Samml. v. Ges. rc. betr. die Just.Verw. Bd. V. S. 18) u. Verf. v. 22./11. 86 (Samml. Bd. XI. S. 412).

[2] § 4 ist nicht auf diejenigen Fälle beschränkt, in welchen die Höhe angesetzter Gebühren oder die Nothwendigkeit angesetzter Auslagen den Gegenstand der Erinnerung bildet, sondern bezieht sich auf alle Fälle, in denen geltend gemacht wird, daß Kosten unter Verletzung von Normen des Gerichtskostengesetzes, insbesondere also auch unter Verletzung der Bestimmungen über die Verpflichtung zur Kostenzahlung und über die Gebührenfreiheit, angesetzt seien. R.G. XVI, 291. Ebenso jetzt Verf. des Preuß. Just.Min. v. 4./6. 86 (J.M.Bl. 161) und Kammergericht v. 29./2. 92 (Johow XII, 146).

[3] Die Rechtsmittel gegen den Ansatz von Stempeln in gericht-

lichen Angelegenheiten richten sich nach Landesrecht, auch wenn die Stempel als Gerichtsgebühr erhoben werden. R.G. IX, 238. Ebenso die Rechtsmittel wegen der Erhebung von Auslagen auf Grund des § 151 R.Ges. v. 1./5. 89 (R.G.B. 89). Reichsgericht v. 6./3. 90 (Jur.Woch. 129). Vgl. auch für Preußen: Kammergericht v. 28./11. u. 18./4. 87 (Johow VII, 185, 187).

4 Auch keine Schreibgebühren: § 80a Nr. 1.

5 Weitere Beschwerde nur unter den Voraussetzungen des § 531 Abs. 2 C.P.O. R.G. VI, 410. Ebenso jetzt das Kammergericht: doch prüft letzteres regelmäßig von Amtswegen die Berechtigung der angegriffenen Entscheidung (Johow III, 202, 224, VI, 160, XII, 158, XIII, 248).

6 Kosten der zurückgewiesenen Beschwerde: § 92 C.P.O., § 13 Abs. 3, § 45, § 505 St.P.O., § 68 Abs. 1 dieses Gesetzes.

5. Eine Nachforderung[1] von Gerichtskosten wegen irrigen Ansatzes ist nur zulässig, wenn der berichtigte Ansatz vor Ablauf des nächsten Kalenderjahres nach rechtskräftiger oder endgültiger Erledigung des Verfahrens dem Zahlungspflichtigen eröffnet ist.

1 Liegt nur vor, wenn ein das ursprüngliche Gesammtliquidat übersteigender Kostenbetrag gefordert wird, nicht wenn einzelne Kostenansätze erhöht oder neu eingestellt, andere dagegen gleichzeitig entsprechend gemindert oder abgesetzt werden. Kammergericht vom 6./5. 89 (Johow IX, 8). — Das Kammergericht v. 29./1. 93 (Johow XIII, 202) hat die Wiederherstellung eines auf die Erinnerung des Pflichtigen irriger Weise ermäßigten Ansatzes auch nach Ablauf der Frist des § 5 zugelassen.

6. Die Gerichte sind befugt, Gebühren[1], welche durch eine unrichtige Behandlung der Sache ohne Schuld der Betheiligten entstanden sind, niederzuschlagen,[2] und für abweisende Bescheide, wenn der Antrag auf nicht anzurechnender Unkenntniß der Verhältnisse oder auf Unwissenheit[3] beruht, Gebührenfreiheit zu gewähren.[4]

[1] Nicht auch baare Auslagen. Kammergericht v. 18./9. 93 (J.M.Bl. 1894 S. 22); aber Anm. 4.

[2] Selbst nach rechtskräftiger Entscheidung des Kostenpunkts. Reichsgericht v. 4./11. 91 (Jur.Woch. 555). Auch eine nachträgliche gebührenfreie Bearbeitung der Sache anzuordnen. Kom.Ber. 73.

[3] Einschließlich der Rechtsunkenntniß. Kom.Ber. 73.

[4] Dann auch keine Schreibgebühren: § 80a Nr. 1.

7. Der Mindestbetrag einer Gebühr ist zwanzig Pfennig.

Pfennigbeträge, welche ohne Bruch nicht durch zehn theilbar sind, werden auf den nächst höheren durch zehn theilbaren Betrag abgerundet.[1]

[1] Bei jeder einzelnen Gebühr.

Zweiter Abschnitt.

Gebühren in bürgerlichen Rechtsstreitigkeiten.

Vgl. die angehängte Tabelle A.

Werthsklassen und Gebührensatz.

8. In bürgerlichen Rechtsstreitigkeiten werden die Gebühren nach dem Werthe des Streitgegenstandes erhoben.

Die volle Gebühr[1] beträgt bei Gegenständen im Werthe:

1.	bis		20 Mark einschließlich				1 Mark,
2.	von mehr als	20	bis	60	Mark	einschließlich	2 = 40 Pf.,
3.	= = =	60	=	120	=	=	4 = 60 =
4.	= = =	120	=	200	=	=	7 = 50 =
5.	= = =	200	=	300	=	=	11 =
6.	= = =	300	=	450	=	=	15 =
7.	= = =	450	=	650	=	=	20 =
8.	= = =	650	=	900	=	=	26 =

9.	von	mehr	als 900	bis 1200	Mark	einschließlich	32	Mark
10.	„	„	„ 1200	„ 1600	„	„	38	„
11.	„	„	„ 1600	„ 2100	„	„	44	„
12.	„	„	„ 2100	„ 2700	„	„	50	„
13.	„	„	„ 2700	„ 3400	„	„	56	„
14.	„	„	„ 3400	„ 4300	„	„	62	„
15.	„	„	„ 4300	„ 5400	„	„	68	„
16.	„	„	„ 5400	„ 6700	„	„	74	„
17.	„	„	„ 6700	„ 8200	„	„	81	„
18.	„	„	„ 8200	„ 10000	„	„	90	„

Die ferneren Werthsklassen steigen um je 2000 Mark und die Gebühren um je 10 Mark.

[1] §§ 18, 20, 24, 48.

Werthsberechnung.

9. Für die Werthsberechnung sind die Vorschriften der Civilprozeßordnung §§. 3 bis 9 und der Konkursordnung §. 136 mit den nachstehenden Bestimmungen maßgebend.[1]

[1] Sie lauten:

3. Der Werth des Streitgegenstandes wird von dem Gerichte nach freiem Ermessen festgesetzt; dasselbe kann eine beantragte Beweisaufnahme sowie von Amtswegen die Einnahme des Augenscheins und die Begutachtung durch Sachverständige anordnen.

4. Für die Werthsberechnung ist der Zeitpunkt der Erhebung der Klage entscheidend; Früchte, Nutzungen, Zinsen, Schäden und Kosten bleiben unberücksichtigt, wenn sie als Nebenforderungen geltend gemacht werden.

5. Mehrere in einer Klage geltend gemachte Ansprüche werden zusammengerechnet; eine Zusammenrechnung des Gegenstandes der Klage und der Widerklage findet nicht statt.

6. Der Werth des Streitgegenstandes wird bestimmt: durch den Werth einer Sache, wenn deren Besitz, und durch den Betrag einer Forderung, wenn deren Sicherstellung oder ein Pfandrecht Gegenstand des Streits ist. Hat der Gegenstand des Pfandrechts einen geringeren Werth, so ist dieser maßgebend.

7. Der Werth einer Grunddienstbarkeit wird durch den Werth, welchen dieselbe für das herrschende Grundstück hat, und wenn der Betrag, um welchen sich der Werth des dienenden Grundstücks durch die Dienstbarkeit mindert, größer ist, durch diesen Betrag bestimmt.

8. Ist das Bestehen oder die Dauer eines Pacht= oder Miethverhältnisses streitig, so ist der Betrag des auf die gesammte streitige Zeit fallenden Zinses und, wenn der fünfundzwanzigfache Betrag des einjährigen Zinses geringer ist, dieser Betrag für die Werthsberechnung entscheidend.

9. Der Werth des Rechts auf wiederkehrende Nutzungen oder Leistungen wird nach dem Werthe des einjährigen Bezugs berechnet und zwar:

auf den zwölfundeinhalbfachen Betrag, wenn der künftige Wegfall des Bezugsrechts gewiß, die Zeit des Wegfalls aber ungewiß ist;

auf den fünfundzwanzigfachen Betrag bei unbeschränkter oder bestimmter Dauer des Bezugsrechts. Bei bestimmter Dauer des Bezugsrechts ist der Gesammtbetrag der künftigen Bezüge maßgebend, wenn er der geringere ist.

136. Der Werth des Streitgegenstandes eines Prozesses über die Richtigkeit oder das Vorrecht einer Forderung ist mit Rücksicht auf das Verhältniß der Theilungs= zur Schuldenmasse von dem Prozeßgerichte nach freiem Ermessen festzusetzen.

10. Bei nicht vermögensrechtlichen Ansprüchen[1] wird der Werth des Streitgegenstandes zu 2000 Mark, ausnahmsweise niedriger oder höher, jedoch nicht unter 200 Mark und nicht über 50000 Mark angenommen.[2]

Ist mit einem nicht vermögensrechtlichen Anspruch ein aus ihm hergeleiteter vermögensrechtlicher verbunden, so ist nur Ein Anspruch, und zwar der höhere maßgebend.

[1] Die C.P.O. giebt für deren Werthsberechnung keine Vorschriften.

[2] Auf vermögensrechtliche Ansprüche ist die Bestimmung des Abs. 1 nicht anzuwenden. R.G. X, 322.

11. Soweit Klage und Widerklage, welche nicht in getrennten Prozessen verhandelt werden,[1] denselben Streitgegenstand betreffen,[2] sind die Gebühren nach dem einfachen Werthe dieses Gegenstandes zu berechnen.[3] Soweit beide Klagen nicht denselben Streitgegenstand betreffen, sind die Gegenstände zusammenzurechnen.[4]

Das Gleiche gilt für wechselseitig eingelegte Rechtsmittel, welche nicht in getrennten Prozessen verhandelt werden.[5]

[1] Trennung: §§ 136 Abs. 2, 274 C.P.O.

[2] Dies ist der Fall, soweit gegen den Klageanspruch nur die Retentionseinrede wegen der Widerklageforderung geltend gemacht wird, R.G. V, 410; ferner, wenn der Kläger, welcher das seitens des Beklagten mit Berufung angefochtene Urtheil gegen Sicherheitsleistung hat vollstrecken lassen, im Wege der Anschließung Rückgabe der Sicherheit beansprucht. R.G. XXXI, 380.

[3] Vorschußpflichtig sind beide Teile: § 81 Abs. 2.

[4] Anders die Werthsberechnung für die Zuständigkeit: § 5 C.P.O.

[5] Eine „Verhandlung der Rechtsmittel in getrennten Prozessen" setzt einen ausdrücklichen Trennungsbeschluß gemäß §§ 136, 137 C.P.O. voraus. R.G. XXIX, 350.

12. Für Akte, welche einen Theil des Streitgegenstandes betreffen, sind die Gebühren nur nach dem Werthe dieses Theils zu berechnen.[1]

Sind von einzelnen Werthstheilen in derselben Instanz[2] für gleiche Akte[3] Gebühren zu berechnen, so darf nicht mehr erhoben werden, als wenn die Gebühr von dem Gesammtbetrage der Werthstheile zu berechnen wäre;[4] treten für die Akte verschiedene Gebührensätze ein, so ist der höchste Satz maßgebend.[5]

[1] Z. B. wenn die kontradiktorische Verhandlung oder die Beweisaufnahme sich nur auf einen Theil des Streitgegenstandes oder auf die Prozeßkosten erstreckt hat, so ist die Verhandlungs- oder die Beweisgebühr nur nach dem Werthe dieses Theiles bezw. der Prozeßkosten zu berechnen.

[2] Eine neue Instanz beginnt im Sinne dieses Gesetzes, sobald ein Gericht anderer Ordnung mit dem Rechtsstreit befaßt wird. Mot. 55. Ausnahmen: §§ 30—32. — Rechtsmittel, welche gegen mehrere Theilurtheile oder gegen Zwischenurtheile, die den Endurtheilen gleichstehen, eingelegt werden, bilden, wenn sie nicht zusammen verhandelt werden, je eine besondere Instanz. Mot. 55, 56. Wird eine Widerklage zurückgenommen und dann von Neuem erhoben, so bildet das Verfahren auf die erneute Widerklage eine neue Instanz und einen neuen Rechtsstreit. R.G. XXVIII, 404.

[3] Die Aufnahme eines Vergleichs ist ein der Entscheidung gleicher Akt. § 23. R.G. XXIX, 336. — Die Gebührenerhebung für ungleiche Akte unterliegt einer Maximalbeschränkung nicht. Ausnahme: § 46 Abs. 3.

[4] Z. B. darf für zwei Theilurtheile, deren jedes die Hälfte des Streitgegenstandes erledigt, zusammen nicht mehr als die Gebühr für Entscheidung über den ganzen Streitgegenstand erhoben werden.

[5] Der nicht zu überschreitende Gesammtbetrag soll nach dem höchsten Gebührensatz berechnet werden. Kom.Ber. 73; z. B. darf, wenn über einen Theil des Streitgegenstandes nach kontradiktorischer Verhandlung zur Hauptsache, über einen Theil nach kontradiktorischer Verhandlung über eine prozeßhindernde Einrede erkannt ist, die zu erhebende Summe den Satz nicht überschreiten, der in Ansatz käme, wenn über den ganzen Streitgegenstand zur

Hauptsache verhandelt und erkannt wäre. — Ebenso Reichsgericht v. 3./2. 83. (Braun u. Blum VII, 294).

13. Für Akte, welche Früchte, Nutzungen, Zinsen, Schäden oder Kosten[1] als Nebenforderungen ohne den Hauptanspruch[2] betreffen, ist der Werth der Nebenforderungen insoweit maßgebend, als er den Werth des Hauptanspruchs nicht übersteigt.

Für Akte der Zwangsvollstreckung wegen einer Geldforderung[3] werden die einzuziehenden Zinsen mitberechnet.[4]

Für Akte, welche die Kosten des Rechtsstreits ohne den Hauptanspruch[2] betreffen, ist der Betrag der Kosten maßgebend.

[1] Gemeint sind hier außerprozessualische Kosten. Reichsgericht v. 17./1. 85 (Jur.Woch. 94).

[2] In Verbindung mit dem Hauptanspruch oder einem Theil desselben bleiben sie außer Berechnung. § 4 C.P.O. Auch Reichsgericht v. 26./5. 94 (Jur.Woch. 366).

[3] Handelt es sich nur um die Art und Weise der Zwangsvollstreckung (§§ 685, 726 C.P.O.), so kann der Werth nach Maßgabe des Interesse geringer festgesetzt werden. — Auf das die Anordnung des Arrestes betreffende Verfahren ist Abs. 2 nicht anwendbar; §§ 4, 6 C.P.O. R.G. XXVI, 412; auch nicht auf Einwendungen gemäß § 686 C.P.O., selbst wenn gleichzeitig Aufhebung der erwirkten Zwangsvollstreckung beantragt wird; R.G. XXVIII, 429; ebensowenig auf Klagen aus § 690 C.P.O. R.G. X, 393.

[4] Ist der Werth der gepfändeten Sache geringer, so ist dieser maßgebend. Analog § 6 C.P.O. Mot. 44.

Werthsfestsetzung.

14. Bei jedem Antrag ist der Werth des Streitgegenstandes, sofern derselbe nicht in einer bestimmten

Geldsumme besteht oder aus früheren Anträgen erhellt, und auf Erfordern auch der Werth eines Theils desselben schriftlich oder zum Protokolle des Gerichtsschreibers anzugeben.[1]

Die Angabe kann jederzeit berichtigt werden.

[1] Enger: § 230 Abs. 3 C.P.O.

15. Die zum Zwecke der Entscheidung über die Zuständigkeit des Prozeßgerichts[1] oder die Zulässigkeit der Revision[2] erfolgte Festsetzung des Werthes ist für die Berechnung der Gebühren maßgebend.[3]

[1] § 23 Nr. 1, § 70 Abs. 1 G.V.G. [2] § 508 C.P.O.
[3] Desgleichen die auf Beschwerde des Rechtsanwalts gemäß § 12 G.O. f. R.A. erfolgte Festsetzung. R.G. XXXI, 395. Die Festsetzung des § 15 kann nicht auf Grund des § 16 von Amtswegen oder auf Beschwerde geändert werden. Reichsgericht v. 14./3. 93 (Jur. Woch. 236).

16. Soweit eine Entscheidung in Gemäßheit des §. 15 nicht stattfindet, und nach der Natur des Streitgegenstandes oder durch den Antrag einer Partei die Festsetzung des Werthes erforderlich wird, erfolgt dieselbe gebührenfrei[1] durch Beschluß des Prozeßgerichts,[2] bei der Zwangsvollstreckung, falls der Werth noch nicht festgesetzt ist, durch Beschluß des Vollstreckungsgerichts.[3] Die Festsetzung kann von dem Gerichte, welches dieselbe getroffen hat, sowie von dem Gerichte der höheren Instanz im Laufe des Verfahrens[4] von Amtswegen geändert werden.

Gegen den Beschluß findet Beschwerde nach Maßgabe

der §§. 531 bis 538 der Civilprozeßordnung[5] und des §. 4 Abs. 3 dieses Gesetzes statt.[6]

[1] Auch keine Schreibgebühren: § 80a.

[2] D. i. das Gericht der Instanz, für welche der Streitgegenstand festgesetzt werden soll, auch wenn das Verfahren in dieser Instanz bereits geschlossen ist. Reichsgericht v. 23./5. 91 (Rassow u. Küntzel XXXV, 1168).

[3] § 684 C.P.O.

[4] Nur wenn die Sache selbst an das Gericht höherer Instanz erwächst; sonst ist nur Abänderung auf Beschwerde zulässig. R.G. XIV, 354. — Die Abänderung kann auch noch nach der Rechtskraft des Urtheils, im Laufe des Kostenfestsetzungsverfahrens, erfolgen, Reichsgericht v. 5./6. 85 (Blum III, 44), und wenn letzteres in die höhere Instanz gelangt, auch von dieser. Reichsgericht v. 17./3. 94 (Jur.Woch. 182).

[5] Die Beschwerde steht auch der Staatskasse zu; Reichsgericht v. 17./11. 83 (Rassow u. Küntzel XXVIII, 1178); dagegen nicht dem ohne Kostenpflicht aus dem Prozeß tretenden Theil. Reichsgericht vom 9./6. 85 (Blum III, 44). Wegen zu niedriger Festsetzung steht der Partei überhaupt nicht, sondern nur dem Rechtsanwalt (auf Grund von § 11 G.O. f. R.A.) die Beschwerde zu. R.G. XXII, 425. — Weitere Beschwerde: Anm. 5 zu § 4.

[6] Kosten: Anm. 6 zu § 4. — Vgl. auch § 12 G.O. f. R.A.

17. Wird eine Abschätzung durch Sachverständige erforderlich,[1] so ist in dem Beschlusse, durch welchen der Werth festgesetzt wird (§. 16), über die Kosten der Abschätzung zu entscheiden. Dieselben können ganz oder theilweise der Partei zur Last gelegt werden, welche durch Unterlassung der ihr obliegenden Werthsangabe oder durch unrichtige Werthsangabe, unbegründetes Bestreiten der Werthsangabe oder unbegründete Beschwerde die Abschätzung veranlaßt hat.[2]

[1] § 3 C.P.O.

[2] Sonst fallen sie der Staatskasse zur Last. Mot. 46.

Tarifsystem.

a. Verhandlungs-, Beweis-, Entscheidungsgebühr.

18. Die volle Gebühr (§. 8) wird erhoben:[1]

1. für die kontradiktorische mündliche Verhandlung[2] (Verhandlungsgebühr);
2. für die Anordnung einer Beweisaufnahme[3] (Beweisgebühr);
3. für eine andere Entscheidung[4] (Entscheidungsgebühr).

[1] Die Verhandlung und Entscheidung über die Prozeß- oder Sachleitung ist gebührenfrei. § 47 Nr. 1.

[2] Ausnahme: § 21.

[3] Auch für Beweisanordnungen zum Zwecke der Feststellung der Zulässigkeit eines Rechtsmittels. Reichsgericht v. 28./3. 84 (Jur.Woch. 138). Auch für die Anordnung der Vorlegung von Akten, insbesondere auch von Akten über ein vorangegangenes Verfahren zur Sicherung des Beweises. Reichsgericht v. 22./4. u. 1./10. 90 (Jur.Woch. 180 u. 374). Für eine Beweisaufnahme, welche ohne eine darauf gerichtete Anordnung des Gerichts stattfindet (z. B. § 385 C.P.O.), werden Gebühren nicht erhoben. Mot. 51. — Findet die angeordnete Beweisaufnahme nicht statt: § 22 Abs. 1. Fernere Ausnahme: § 22 Abs. 2.

[4] Ausnahme: § 23 Abs. 1.

19. Die Verhandlung gilt als kontradiktorisch im Sinne des §. 18 Nr. 1, soweit[1] in derselben von beiden Parteien einander widersprechende Anträge gestellt werden.[2]

[1] Geschieht dies nur bezüglich eines Theils des Streitgegenstandes: § 12 Abs. 1.

[2] § 128 C.P.O.

20. Die Verhandlungsgebühr kommt auch zur Erhebung:

1. für eine nicht kontradiktorische mündliche Verhandlung in Ehesachen[1] und in den vor die Landgerichte gehörigen Entmündigungssachen,[2] sofern der Kläger verhandelt;
2. für die Verhandlung im vorbereitenden Verfahren[3] (Civilprozeßordnung §§. 313 bis 319).

[1] §§ 568 ff., 578 C.P.O.

[2] §§ 605 ff., 611, 620, 624, 626 C.P.O.

[3] Dann wird für die mündliche Verhandlung in derselben Instanz eine Gebühr nicht erhoben. § 28.

21. Die Verhandlungsgebühr wird nicht erhoben, soweit ein zur Beilegung des Rechtsstreits abgeschlossener Vergleich aufgenommen[1] oder auf Grund eines Anerkenntnisses oder Verzichts eine Entscheidung erlassen wird,[2] ohne daß die Anordnung einer Beweisaufnahme oder eine andere gebührenpflichtige Entscheidung vorhergegangen ist.[3]

[1] § 23 Abs. 2. — Durch protokollarische Feststellung (§ 146 C.P.O.): die bloße Mittheilung des Vergleichsschlusses an das Gericht genügt nicht. Reichsgericht v. 16./6. 91 (Rassow u. Küntzel XXXV, 1169). [2] § 23 Abs. 1.

[3] Welche sich auf den durch Vergleich, Anerkenntniß, Verzicht erledigten Theil des Streitgegenstandes bezogen hat. § 12.

***22.** Die Beweisgebühr (§. 18 Nr. 2) wird nur zur Hälfte erhoben,[1] wenn die angeordnete Beweisaufnahme weder ganz noch theilweise stattgefunden hat.

Dasselbe findet statt, soweit bezüglich des durch die Beweisanordnung[2] betroffenen Gegenstandes ein zur Beilegung des Rechtsstreits abgeschlossener Vergleich aufgenommen oder auf Grund eines Anerkenntnisses oder Verzichts eine Entscheidung erlassen wird.

[1] Also im Urkunden- und Wechselprozeß nur 3/10 der vollen Gebühr: § 25; in den Fällen des § 26 nur 5/20, in den Fällen des § 27 nur 3/20 der vollen Gebühr.

[2] Dazu gehört auch ein bedingtes Endurtheil. § 24.

***23.** Nur drei Zehntheile der Entscheidungsgebühr werden erhoben für die auf Grund eines Anerkenntnisses oder Verzichts erlassene Entscheidung.

Die Entscheidungsgebühr wird zu drei Zehntheilen[1] auch für die Aufnahme eines zur Beilegung des Rechtsstreits abgeschlossenen Vergleichs[2] erhoben.

[1] Also im Urkunden- und Wechselprozeß nur 9/50 der vollen Gebühr: § 25; in den Fällen des § 26 nur 3/20; in den Fällen des § 27 nur 9/100 der vollen Gebühr.

[2] Ist über den später durch Anerkenntniß, Verzicht, Vergleich erledigten Theil des Streitgegenstandes früher ein Zwischenurtheil ergangen, so kommt für diesen Theil nur einmal die volle Gebühr in Ansatz: § 28. Wird ein Theil durch Anerkenntniß, Verzicht, Vergleich, ein Theil durch kontradiktorische Entscheidung erledigt: § 12 Abs. 2. — Vgl. auch §§ 41, 101.

24. Ein bedingtes Urtheil (Civilprozeßordnung § 425) gilt für die Gebührenerhebung als Beweisanordnung;[1] das Urtheil, durch welches das bedingte Urtheil erledigt wird (Civilprozeßordnung §. 427 Abs. 2),[2] als Entscheidung im Sinne des §. 18 Nr. 3.

Ist jedoch das bedingte Urtheil in der Instanz, in welcher es ergangen ist, bis zum Eintritt der Fälligkeit der Gebühren[3] nicht erledigt,[4] so wird für dasselbe die Entscheidungsgebühr erhoben,[5] vorbehaltlich der Berichtigung des Gebührenansatzes nach Maßgabe der Vorschriften des ersten Absatzes für den Fall einer nachträglichen Erledigung des Urtheils in derselben Instanz.

[1] Wenn also bezüglich desselben Theils des Streitgegenstandes ein Beweisbeschluß ergeht, wird nur einmal die Beweisgebühr erhoben: § 28; wenn bezüglich eines anderen Theils: § 12 Abs. 2.

[2] Vorschußpflicht für das Läuterungsverfahren: Anm. 1 zu § 84.

[3] §§ 93, 94 Nr. 1.

[4] Gemeint ist eine Erledigung in derselben Instanz und lediglich durch Läuterungsurtheil nach Maßgabe des § 427 Abs. 2 C.P.O. Vgl. R.G. XI, 384. Im Falle der Beilegung des Rechtsstreits durch Vergleich, Verzicht, Anerkenntniß: § 22 Abs. 2.

[5] Für anderweite Beweisanordnung wird dann stets die Beweisgebühr erhoben; dagegen findet, falls bezüglich eines anderen Theils des Streitgegenstandes eine andere Entscheidung ergeht, § 12 Abs. 2 Anwendung.

25. Sechs Zehntheile der Gebühr (§§. 18 bis 24) werden erhoben, wenn der Akt im Urkunden- oder Wechselprozesse (Civilprozeßordnung §§. 555 bis 567) erfolgt.[1]

[1] Vgl. Anm. 1 zu § 22 u. § 23.

26. Fünf Zehntheile der Gebühr[1] (§§. 18 bis 24) werden erhoben, wenn der Akt[2] ausschließlich betrifft:

1. prozeßhindernde Einreden (Civilprozeßordnung §. 247);
2. die Unzuständigkeit des Gerichts,[3] die Unzulässigkeit des Rechtsweges, den Mangel der Prozeßfähigkeit,[4] der Legitimation eines gesetzlichen Vertreters oder der erforderlichen Ermächtigung zur Prozeßführung, sofern dieselben von Amtswegen berücksichtigt sind (Gerichtsverfassungsgesetz §. 17 Abs. 1, Civilprozeßordnung §§. 40, 54);
3. die Entlassung des Beklagten aus dem Rechtsstreite (Civilprozeßordnung §§. 72, 73), oder die Uebernahme des Rechtsstreits durch den Rechtsnachfolger (Civilprozeßordnung §. 237);

4. die Aufnahme[5] eines unterbrochenen oder ausgesetzten Verfahrens (Civilprozeßordnung §§. 217 bis 227);
5. die Zulässigkeit der Wiedereinsetzung in den vorigen Stand, der Berufung, Revision oder der Wiederaufnahme des Verfahrens oder die Zurücknahme eines Rechtsmittels[6] (Civilprozeßordnung §§. 216, 476 Abs. 3, §§. 497, 529, 552);
6. den Einspruch[7] (Civilprozeßordnung §§. 306, 310, 311, 640), sowie die gegen ein Versäumnißurtheil eingelegten Rechtsmittel (Civilprozeßordnung §. 474 Abs. 2, §. 529);
7. die vorläufige Vollstreckbarkeit eines Urtheils;[8]
8. die Ertheilung der Vollstreckungsklausel,[9] sofern sie im Wege der Klage beantragt oder angefochten wird[10] (Civilprozeßordnung §§. 667, 687), oder Einwendungen gegen die Zwangsvollstreckung, welche den Anspruch selbst betreffen, sofern der §. 686 Abs. 2 oder §. 704 Abs. 2 der Civilprozeßordnung Anwendung findet, oder die Zulassung der Zwangsvollstreckung aus dem Urtheil eines ausländischen Gerichts oder aus einem Schiedsspruche (Civilprozeßordnung §§. 660, 868);
9. die Anordnung, Abänderung oder Aufhebung eines Arrestes oder einer einstweiligen Verfügung,[11] sofern die Entscheidung durch Endurtheil zu treffen ist[12] (Civilprozeßordnung §. 802 Abs. 1, §§. 805, 806 Abs. 2, §§. 807, 815);[13]
10. die Ernennung oder Ablehnung eines Schiedsrichters, das Erlöschen eines Schiedsvertrags,

die Unzulässigkeit des schiedsrichterlichen Verfahrens oder die Aufhebung eines Schiedsspruchs (Civilprozeßordnung §. 871).

Ist in den Fällen der Nr. 1, 2 der Kläger abgewiesen, oder in den Fällen der Nr. 5, 6 die Wiedereinsetzung, Berufung, Revision, Wiederaufnahme oder der Einspruch als unzulässig verworfen, so werden auch für eine Verhandlung zur Hauptsache nur fünf Zehntheile der Gebühr erhoben, sofern die Entscheidung auf diese Verhandlung ergangen ist.[14]

[1] Im Urkunden- und Wechselprozeß werden 5/10 der vollen Gebühr (§ 18), bezw. der Gebühren der §§ 22, 23, nicht der Gebühr des § 25 erhoben. — Wenn mehrere Fälle des § 26 konkurriren, findet nicht eine mehrfache Herabsetzung statt, sondern es bewendet bei der Erhebung von 5/10. Reichsgericht v. 10./5. 87 (Jur.Woch. 273).

[2] Beim Zusammentreffen mit der vollen Gebühr für den gleichen Akt: § 28 Satz 2.

[3] Vgl. Anm. 1 zu § 30.

[4] Nicht auch bei Mangel der Parteifähigkeit. Reichsgericht v. 18./5. 93 (Jur. Woch. 352).

[5] Für Entscheidungen über die Aussetzung werden Gebühren nicht erhoben; § 47 Nr. 1; ebensowenig für die ohne kontradiktorische Verhandlung und Entscheidung erfolgende Aufnahme. § 18 Nr. 1.

[6] Ausnahme: bei der Beschwerde: § 45.

[7] Vgl. auch § 30 Abs. 2, § 32.

[8] Sofern nicht in derselben Instanz die Hauptsache zur Entscheidung gelangt; vgl. Anm. 2 zu § 28.

[9] Werthsberechnung: § 13 Abs. 2.

[10] Sonst § 38 Nr. 2 oder § 47 Nr. 15.

[11] Einerlei, ob dem Gesuch stattgegeben wird oder nicht. Kom.Ber. 73. R.G. XXVI, 414. — Vollstreckung des Arrestbefehls: § 35 Nr. 2.

[12] Sonst § 35 Nr. 3. — Vgl. auch Anm. 4 zu § 35.

[13] Auch das gemäß § 820 C.P.O. verordnete Verfahren vor dem Gerichte der Hauptsache. R.G. VIII, 338; dagegen nicht im Verfahren auf Aufhebung des Arrestes ꝛc. auf Grund des § 690 C.P.O. Reichsgericht v. 7./11. 92 (Jur. Woch. 481).

[14] Es wird so angesehen, als sei nur über die prozeßhindernde Einrede, die Zulässigkeit der Wiedereinsetzung ꝛc. verhandelt.

27. Drei Zehntheile der Gebühr[1] (§§. 18 bis 24) werden erhoben, wenn der Akt betrifft:[2]

1. die Zulässigkeit einer Nebenintervention (Civilprozeßordnung §. 68);[3]
2. die Zwangsvollstreckung zur Erwirkung von Handlungen oder Unterlassungen (Civilprozeßordnung §§. 773 bis 776).

[1] Im Urkunden- und Wechselprozeß $^3/_{10}$ der vollen Gebühr (§ 18), bezw. der Gebühren §§ 22, 23, nicht der Gebühr des § 25.

[2] § 28 findet hierauf nicht Anwendung. § 39. — Die besondere Erhebung findet daher im Falle der Nr. 1 auch dann statt, wenn über die Zulässigkeit der Nebenintervention zugleich mit der Entscheidung der Hauptsache erkannt wird. R.G. X, 339.

[3] Im übrigen werden für Nebeninterventionen Gebühren nicht erhoben.

28. Jede der im §. 18 bezeichneten Gebühren wird in jeder Instanz[1] rücksichtlich eines jeden Theils des Streitgegenstandes nur einmal[2] erhoben.[3] Treffen für gleiche Akte die volle Gebühr und die Gebühr des §. 26 rücksichtlich desselben Streitgegenstandes zusammen, so kommt nur die volle Gebühr[4] zur Erhebung.[5]

[1] Vgl. Anm. 2 zu § 12.

[2] Für die Entscheidung über die vorläufige Vollstreckbarkeit darf daher eine Gebühr nicht erhoben werden, wenn in derselben Instanz über die Forderung selbst entschieden wird, einerlei, ob

erstere Entscheidung mit der letzteren gleichzeitig ergeht (§ 653 C.P.O.), ihr vorangeht (§ 656 C.P.O.) oder ihr nachfolgt (§ 654 C.P.O.) Mot. 44.

[3] Ausnahmen: §§ 33, 39.

[4] Treffen die Gebühr des § 25 und die des § 26 zusammen, so wird nur die des § 25 erhoben.

[5] Ausnahme: § 32 Abs. 2.

29. Wird die Ergänzung eines Urtheils beantragt[1] (Civilprozeßordnung §. 292), so findet, soweit der Antrag nicht zurückgewiesen wird, die Bestimmung des §. 12 Anwendung; soweit der Antrag zurückgewiesen wird, kommen fünf Zehntheile der Gebühr[2] (§§. 18 bis 24) zur Erhebung.

[1] Im Falle der Zurücknahme: § 46. — In Betreff des übergangenen Theils wird im Falle der Ergänzung auch die Verhandlungs- und Beweisgebühr berechnet. Kom.Ber. 73.

[2] Vgl. Anm. 1 zu § 26.

30. Verweist das Amtsgericht einen Rechtsstreit vor das Landgericht, weil durch Widerklage oder durch Erweiterung des Klagantrags ein Anspruch erhoben ist, welcher zur Zuständigkeit der Landgerichte gehört, oder die Feststellung eines Rechtsverhältnisses beantragt worden ist, für welches die Landgerichte zuständig sind (Civilprozeßordnung §. 467), so bildet das weitere Verfahren[1] vor dem Landgerichte mit dem Verfahren vor dem Amtsgericht im Sinne des §. 28 Eine Instanz.

Das Gleiche gilt, wenn der Einspruch gegen einen Vollstreckungsbefehl von dem Amtsgerichte für zulässig befunden und die Klage während der Rechtshängigkeit des Anspruchs bei dem Landgericht erhoben ist (Civilprozeßordnung §. 640), für das amtsgerichtliche Verfahren über die Zulässigkeit des Einspruchs[3] und das Verfahren vor dem Landgerichte.

[1] Für die Verweisung von Seiten des Amtsgerichts ist die Entscheidungsgebühr gemäß § 26 Nr. 2 zu erheben, und zwar wenn das Landgericht die Verbindung mehrerer vom Amtsgericht überwiesener Prozesse angeordnet hat, unter Zugrundelegung ihres Gesammtwerths. R.G. XXX, 335. Ergeht jedoch beim Landgericht demnächst eine Entscheidung: § 28.

[2] Kein neuer Vorschuß: § 81. Anders im Falle des § 466 C.P.O.

[3] § 26 Nr. 6.

31. Wird eine Sache zur anderweiten Verhandlung an das Gericht unterer Instanz zurückverwiesen (Civilprozeßordnung §§. 500, 501, 528), so bildet das weitere Verfahren mit dem früheren Verfahren vor diesem Gericht im Sinne des §. 28 Eine Instanz.[1]

[1] Kein neuer Vorschuß: § 81. — Gelangt die Sache durch erneute Einlegung eines Rechtsmittels abermals an das Gericht, von welchem zurückverwiesen ist, so bildet das frühere und das neue Verfahren vor diesem Gericht je eine Instanz für sich. R.G. X, 426. — Vgl. auch R.G. VIII, 434.

32. Das Verfahren in Folge des Einspruchs gegen ein Versäumnißurtheil gilt im Sinne des §. 28 als neue Instanz, insoweit der Einspruch verworfen, zurückgenommen oder nicht verhandelt wird[1] (Civilprozeßordnung §§. 306, 310, 311).

Gilt das Verfahren als Fortsetzung der Instanz, so wird durch die Gebühr für das Versäumnißurtheil eine andere Entscheidungsgebühr derselben Instanz nicht ausgeschlossen.[2]

[1] § 26 Nr. 6.

[2] Ausnahmen von § 28. — R.G. XXVII, 392.

33. Das ordentliche Verfahren, welches nach der Abstandnahme vom Urkunden- oder Wechselprozesse, sowie nach dem mit Vorbehalt in demselben erlassenen Urtheil anhängig bleibt (Civilprozeßordnung §§. 559, 563), gilt für die Gebührenerhebung[1] als besonderer Rechtsstreit.[2]

[1] Die ladende Partei hat Vorschuß zu zahlen. § 81. Mot. 103.

[2] Im übrigen wird der Beginn eines besonderen Rechtsstreits durch Anstellung der neuen Klage gekennzeichnet. Ausnahme: § 39.

b. Besondere Gebühren.

***34.** Drei Zehntheile der Gebühr (§. 8) werden erhoben für die Entscheidung,[1] einschließlich des Verfahrens, über Anträge:

1. auf Entmündigung oder Wiederaufhebung einer Entmündigung, soweit die Amtsgerichte zuständig sind[2] (Civilprozeßordnung §§. 593 bis 603, 616 bis 619, 621 bis 623, 625);
2. auf Anordnung der von Schiedsrichtern für erforderlich erachteten richterlichen Handlungen (Civilprozeßordnung §. 862).

[1] Zurücknahme vor der Entscheidung: § 46.

[2] Werthsberechnung: § 10 Abs. 1.

***35.** Zwei Zehntheile der Gebühr (§. 8) werden erhoben für die Entscheidung,[1] einschließlich des vorangegangenen Verfahrens, über Anträge:

1. auf vorläufige Einstellung, Beschränkung oder Aufhebung einer Zwangsvollstreckung[2] (Civilprozeßordnung §§. 647, 657, 688, 690 Abs. 3, §§. 696, 710 Abs. 4);

2. auf gerichtliche Handlungen[3] der Zwangsvollstreckung (Civilprozeßordnung §§. 684, 700, 723, 724, 726, 729, 730 Abs. 1, §§. 736, 738, 743, 745 bis 747, 754, 755, 771 Abs. 4, §§. 772, 781 Abs. 2, §§. 782, 810 Abs. 3);
3. auf Anordnung[4] oder Aufhebung eines Arrestes oder einer einstweiligen Verfügung (Civilprozeßordnung §§. 801, 802, 813, 815 bis 822), soweit nicht nachträglich eine Gebühr des §. 26 Nr. 9 zur Erhebung kommt;

sowie

4. über Anträge, Einwendungen oder Erinnerungen, welche die Art und Weise der Zwangsvollstreckung oder das bei derselben vom Gerichtsvollzieher zu beobachtende Verfahren oder die von ihm in Ansatz gebrachten Kosten oder die Weigerung desselben betreffen, einen Vollstreckungsauftrag zu übernehmen oder eine Vollstreckungshandlung dem Auftrage gemäß auszuführen[5] (Civilprozeßordnung §. 685).

[1] Zurücknahme vor der Entscheidung: § 46.

[2] Werthsberechnung: § 13 Abs. 2.

[3] Mehrheit von Handlungen: § 39 Abs. 2.

[4] Für gerichtliche Handlungen der Vollstreckung eines Arrestbefehls (z. B. Pfändung einer Forderung) wird neben der auf Grund von § 26 Nr. 9 oder § 35 Nr. 3 für die Anordnung des Arrestes zu berechnenden Gebühr die Gebühr des § 35 Nr. 2 erhoben. Vgl. R.G. VIII, 402.

[5] Vgl. jedoch § 47 Nr. 14.'

*36. Für die Entscheidung,[1] einschließlich des Verfahrens, über Anträge auf Sicherung des Beweises

(Civilprozeßordnung §§. 447 bis 455) werden drei Zehntheile der Gebühr (§. 8) und wenn eine Beweisaufnahme stattfindet, fünf Zehntheile der Gebühr erhoben.[2]

[1] Zurücknahme vor der Entscheidung: § 46.

[2] Ist der Rechtsstreit anhängig, so wird für eine in demselben stattfindende anderweite Beweisaufnahme daneben die Beweisgebühr erhoben. § 39.

*37. Im Mahnverfahren werden erhoben:

1. zwei Zehntheile der Gebühr (§. 8) für die Entscheidung[1] über das Gesuch um Erlassung des Zahlungsbefehls (Civilprozeßordnung §§. 631, 632);
2. ein Zehntheil der Gebühr (§. 8) für die Entscheidung[1] über das Gesuch um Erlassung des Vollstreckungsbefehls[2] (Civilprozeßordnung §. 639).

Wird ein Gesuch um Erlassung des Zahlungsbefehls zurückgewiesen, weil der Zahlungsbefehl in Ansehung eines Theils des Anspruchs nicht erlassen werden kann (Civilprozeßordnung §. 631 Abs. 2), so ist die Gebühr nur nach dem Werthe dieses Theils zu berechnen.

Soweit die Kosten des Mahnverfahrens als Theil der Kosten eines entstehenden Rechtsstreits anzusehen sind (Civilprozeßordnung §. 638), wird die im Fall der Nr. 1 erhobene Gebühr auf die Gebühr des entstehenden Rechtsstreits angerechnet.

[1] Zurücknahme vor der Entscheidung: § 46.

[2] Keine Schreibgebühren: § 80a.

*38. Ein Zehntheil der Gebühr (§. 8) wird erhoben für die Entscheidung,[1] einschließlich des vorangegangenen Verfahrens, über Anträge:

1. auf Festsetzung der vom Gegner zu erstattenden Prozeßkosten[2] (Civilprozeßordnung §. 99);
2. auf Ertheilung der Vollstreckungsklausel[3] in den Fällen, in welchen dieselbe auf Anordnung des Vorsitzenden zu erfolgen hat, oder auf Zurücknahme der Vollstreckungsklausel, sofern diese Anträge nicht im Wege der Klage gestellt werden (Civilprozeßordnung §§. 664 bis 666, 668, 703, 704 Abs. 1, §. 705 Abs. 3, §. 809), oder auf Ertheilung einer weiteren vollstreckbaren Ausfertigung (Civilprozeßordnung §. 669).

[1] Zurücknahme vor der Entscheidung: § 46.

[2] Werthsberechnung: § 13 Abs. 1.

[3] Werthsberechnung: § 13 Abs. 2. — Keine Schreibgebühr: § 80a.

39. Jede der im §. 27 bezeichneten Streitigkeiten, sowie jedes Verfahren[1] über die in den §§. 34 bis 38 bezeichneten Anträge, Einwendungen oder Erinnerungen gilt für die Gebührenerhebung als besonderer Rechtsstreit.[2]

* Betreffen mehrere gerichtliche Handlungen der Zwangsvollstreckung (§. 35 Nr. 2) wegen desselben Anspruchs denselben Gegenstand, so kommt die Gebühr nur einmal zur Erhebung.

[1] Es ist nur ein Verfahren, wenn mehrere Anträge durch eine Entscheidung erledigt werden. Mot. 58. Kom.Ber. 73.

[2] Weder § 12 noch § 28 ist anwendbar. — Die antragende, im Falle der §§ 805 Abs. 2, 815 C.P.O. die widersprechende, Partei ist vorschußpflichtig. §§ 81, 26 Nr. 9. Mot. 103.

***40.** Für das durch den Gerichtsschreiber an die Post gerichtete Ersuchen um Bewirkung einer Zustellung (Civilprozeßordnung §. 179) ist die einem Gerichtsvollzieher für den gleichen Akt zustehende Gebühr[1] als Gerichtsgebühr zu erheben, sofern nicht die Zustellung von Amtswegen bewirkt wird.[2]

[1] §§ 2, 3 Geb.Ord. f. Gerichtsvollz. — S. 73 u. 74.

[2] § 80b.

***41.** Für einen in Gemäßheit des §. 471 der Civilprozeßordnung stattgehabten Sühnetermin,[1] einschließlich des in demselben etwa aufgenommenen Vergleichs,[2] werden drei Zehntheile der Gebühr (§. 8) erhoben.[3]

Die Gebühr wird, wenn der Gegner desjenigen, welcher zum Sühnetermin geladen hat, nicht erschienen oder der Sühneversuch erfolglos geblieben ist, auf die Gebühren eines entstehenden Rechtsstreits angerechnet.

[1] Im Falle der Zurücknahme des Antrags vor dem Termin werden Gebühren nicht erhoben. Mot. 59.

[2] Vgl. auch § 101.

[3] Auch wenn kein Theil erscheint. Mot. 59.

42. Für das Vertheilungsverfahren[1] (Civilprozeßordnung §§. 758 bis 763, 768) werden fünf Zehntheile und, wenn das Verfahren vor dem Termine zur Ausführung der Vertheilung erledigt wird, drei Zehntheile der Gebühr (§. 8) erhoben.

[1] Das Anfechtungsverfahren (§§ 764—767 C.P.O.) bildet einen besonderen Rechtsstreit.

43. Für die Verhandlung[1] in dem zur Abnahme des Offenbarungseides bestimmten Termine (Civilprozeßordnung §§. 780, 782) werden zwei Zehntheile der Gebühr (§. 8) erhoben, sofern nicht über einen spätestens im Termine gestellten Antrag auf Erzwingung der Eidesleistung oder Verurtheilung des Schuldners zur Eidesleistung zu entscheiden ist.[2]

[1] Zurücknahme vor der Verhandlung: § 46.

[2] In diesem Falle nur § 35 Nr. 2.

***44.** Im Aufgebotsverfahren[1] (Civilprozeßordnung §§. 823 bis 833, 836 bis 850) wird ein Zehntheil der Gebühr (§. 8) erhoben:

1. für die Entscheidung über die Zulässigkeit des Antrags;
2. für die Verhandlung im Aufgebotstermine;
3. für die Endentscheidung.

[1] Das Anfechtungsverfahren (§§ 834, 835 C.P.O.) bildet einen besonderen Rechtsstreit.

45. Drei Zehntheile der Gebühr (§. 8) werden erhoben für die Entscheidung, einschließlich des vorangegangenen Verfahrens, in der Beschwerdeinstanz,[1] soweit die Beschwerde als unzulässig verworfen[2] oder zurückgewiesen wird oder die Kosten des Verfahrens einem Gegner zur Last fallen.[3] Insoweit dies nicht der Fall ist, werden Gebühren nicht erhoben.[4]

Diese Vorschrift kommt bei Anträgen auf Aenderung einer Entscheidung des beauftragten oder ersuchten Richters oder des Gerichtsschreibers (Civilprozeßordnung §. 539) zur entsprechenden Anwendung.[5]

[1] Auch im Urkunden- und Wechselprozeß 3/10 der vollen Gebühr. Mot. 60. — Als Streitwerth kommt nicht der Streitwerth der

Hauptsache, sondern der Werth des Streitgegenstandes desjenigen Antrags in Betracht, über welchen die Entscheidung in der Beschwerdeinstanz ergangen ist. Reichsgericht v. 15./2. 94 (Jur. Woch. 173).

[2] Auch wenn eine Beschwerde um deswillen als unzulässig verworfen wird, weil die Zuständigkeit der Gerichte überhaupt nicht begründet ist, werden diese Gebühren erhoben, vorausgesetzt nämlich, daß solche Kosten im Falle der Zuständigkeit der Gerichte zur Erhebung kommen würden; dagegen bleiben sie außer Ansatz, wenn das Verfahren selbst unter Voraussetzung der Gerichtszuständigkeit gebührenfrei wäre. R.G. XXII, 415.

[3] § 28 kommt nicht zur Anwendung. — Im Fall der Zurücknahme: § 46. Kom.Ber. 74.

[4] Auch nicht Schreibgebühren: § 80a. — Dagegen sonstige Auslagen auf Grund von § 89 Satz 1. Reichsgericht v. 4./1. 88 (Jur. Woch. 70).

[5] Auch wenn die Entscheidung, gegen welche sich der Antrag auf Aenderung richtet, nach § 47 gebührenfrei erfolgte. Reichsgericht v. 2./7. 87 (Jur. Woch. 353).

***46.** Wird eine Klage, ein Antrag, ein Einspruch oder ein Rechtsmittel[1] zurückgenommen, bevor ein gebührenpflichtiger Akt stattgefunden hat,[2] so wird ein Zehntheil der Gebühr erhoben, welche für die beantragte Entscheidung oder im Fall des §. 43 für die beantragte Verhandlung zu erheben sein würde.[3]

Diese Gebühr wird nicht erhoben, wenn ein zur Terminsbestimmung eingereichter Schriftsatz vor Bestimmung des Termins zurückgezogen ist.

Betrifft die Zurücknahme nur einen Theil des Streitgegenstandes, während über einen anderen Theil verhandelt, entschieden oder ein Vergleich aufgenommen wird, so ist die Gebühr für die Zurücknahme nur insoweit zu erheben, als die Verhandlungsgebühr oder die Entscheidungsgebühr sich erhöht haben würde, wenn die Verhandlung, die Entscheidung oder der Vergleich auf den zurückgenommenen Theil erstreckt worden wäre.

[1] Für die Zurücknahme des Rechtsmittels kommt es hier nicht auf die Erfüllung der nach der C.P.O. erforderlichen formellen Voraussetzungen dieses Aktes an. Wenn der in der Rechtsmittelschrift formulirte Antrag in einem späteren vorbereitenden Schriftstück eingeschränkt wird, liegt im Sinne der Gebührenerhebung Zurücknahme für diesen Theil vor. R.G. XXV, 380.

[2] So auch, wenn eine Beschwerde nach der Beschlußfassung des Gerichts, aber vor deren Zustellung, zurückgenommen wird, und die letztere in Folge dessen unterbleibt. Reichsgericht v. 15./1. 92 (Jur. Woch. 94).

[3] Wird Entscheidung nöthig (§§ 311, 476 Abs. 3, 529 C.P.O.): § 26 Nr. 5, 6, § 32.

c. Gebührenfreie Akte.

47. Gebühren werden nicht erhoben[1] für die Verhandlung und Entscheidung:

1. über die Prozeß- oder Sachleitung,[2] einschließlich der Bestimmung oder Aenderung von Terminen und Fristen;
2. über die Bewilligung oder Entziehung des Armenrechts, sowie die Verpflichtung zur Nachzahlung von Kosten (Civilprozeßordnung §. 117);
3. über die Zuständigkeit des obersten Landesgerichts (§. 7 des Einführungsgesetzes zur Civilprozeßordnung) oder der Kammer für Handelssachen (Gerichtsverfassungsgesetz §§. 103 bis 106), über die Bestimmung des zuständigen Gerichts (Civilprozeßordnung §§. 36, 756), eines Gerichtsvollziehers (Civilprozeßordnung §. 728 Abs. 1, §. 751

Abs. 1) oder eines Sequesters (Civilprozeßordnung §§. 747, 752);

4. über die Ablehnung eines Richters, eines Gerichtsschreibers oder eines Sachverständigen (Civilprozeßordnung §§. 42 bis 49, 371);
5. über die Verpflichtung eines Gerichtsschreibers, gesetzlichen Vertreters, Rechtsanwalts oder anderen Bevollmächtigten, sowie eines Gerichtsvollziehers zur Tragung der durch Verschulden derselben veranlaßten Kosten (Civilprozeßordnung §. 97);
6. über die Verpflichtung eines Rechtsanwalts zur Zurückgabe einer vom Gegner ihm mitgetheilten Urkunde (Civilprozeßordnung §. 126);
7. über die Verpflichtung zur Abgabe eines Zeugnisses oder Gutachtens (Civilprozeßordnung §§. 351 bis 354, 373);
8. über die Zwangsmaßregeln gegen einen Zeugen oder Sachverständigen, sowie die Verurtheilung derselben zu Kosten und Strafe (Civilprozeßordnung §§. 345, 346, 355, 374);
9. über die Bestellung eines Vertreters einer nicht prozeßfähigen oder unbekannten Partei, eines Nachlasses oder eines dem Aufenthalte nach unbekannten Erben (Civilprozeßordnung §§. 55, 455, 609, 620, 626, 693);
10. über die Berichtigung eines Urtheils oder des Thatbestandes desselben (Civilprozeßordnung §§. 290, 291);
11. über die Vollstreckbarkeit der durch Rechtsmittel-

anträge nicht angefochtenen Theile eines Urtheils (Civilprozeßordnung §§. 496, 523);

12. über die Zulassung einer Zustellung an einem Sonntag oder allgemeinen Feiertag oder eines Aktes der Zwangsvollstreckung an einem solchen Tage oder zur Nachtzeit (Civilprozeßordnung §§. 171, 681);

13. über die Mitwirkung des Gerichts bei Handlungen der Zwangsvollstreckung in den Fällen des §. 678 Abs. 3, der §§. 698, 699 Abs. 1, §. 793 der Civilprozeßordnung;

*14. über die in §. 35 Nr. 4 bezeichneten Anträge, Einwendungen oder Erinnerungen, soweit dieselben für begründet befunden werden und die Kosten des Verfahrens nicht dem Gegner, sondern dem Gerichtsvollzieher zur Last fallen;

*15. über Anträge auf Ertheilung der Vollstreckungsklausel (Civilprozeßordnung §§. 662, 663, 703, 705 Abs. 1), sofern nicht Gebühren nach den Vorschriften des §. 26 Nr. 8 oder des §. 38 zu erheben sind;

*16. über Gesuche um Ertheilung des Zeugnisses der Rechtskraft oder um Ertheilung des Zeugnisses, daß innerhalb der Nothfrist ein Schriftsatz zum Zwecke der Terminsbestimmung nicht eingereicht sei (Civilprozeßordnung §. 646).

Ist in den Fällen der Nr. 2, 4, 5, 6, 7, 10 das Verfahren nach freier richterlicher Ueberzeugung muthwillig veranlaßt, so hat das Gericht von Amtswegen die besondere Erhebung von drei Zehntheilen der Gebühr (§. 8) zu beschließen.[3] Gegen den Beschluß findet Beschwerde nach Maßgabe der §§. 531 bis 538 der Civilprozeßordnung und des §. 4 Abs. 3 dieses Gesetzes statt.[4]

In der Beschwerdeinstanz findet die Bestimmung des ersten Absatzes keine Anwendung, wenn die Beschwerde als unzulässig verworfen oder zurückgewiesen wird.[5]

1 Auch keine Schreibgebühren: § 80a.
2 Anm. 1 zu § 30.
3 Zeitpunkt der Erhebung: § 94 Nr. 3.
4 Vgl. Anm. 5 zu § 4.
5 Sondern § 45. — Besondere Festsetzung des Beschwerdegegenstandes: Reichsgericht v. 16./11. 89 (Jur.Woch. 480).

d. Verzögerungsgebühr.

48. Ist außer dem Falle des §. 300 der Civilprozeßordnung[1] durch Verschulden einer Partei oder eines Vertreters derselben die Vertagung einer mündlichen Verhandlung oder die Anberaumung eines Termins zur Fortsetzung der mündlichen Verhandlung veranlaßt,[2] oder ist durch nachträgliches[3] Vorbringen von Angriffs- oder Vertheidigungsmitteln, Beweismitteln oder Beweiseinreden, welches zeitiger erfolgen konnte, die Erledigung des Rechtsstreits verzögert worden,[4] so kann das Gericht[5] von Amtswegen die besondere Erhebung einer Gebühr für die verursachte weitere Verhandlung, sowie einer Gebühr für die durch das neue Vorbringen veranlaßte nochmalige Beweisanordnung beschließen.[6] Die Gebühr besteht in der vollen Gebühr (§. 8); sie kann jedoch bis zu zwei Zehntheilen herabgesetzt werden.[7]

Gegen den Beschluß findet Beschwerde nach Maßgabe der §§. 531 bis 538 der Civilprozeßordnung und des §. 4 Abs. 3 dieses Gesetzes statt.[8]

[1] Vertagung zur besseren Vorbereitung des Antrages auf Erlaß eines Versäumnißurtheils.

[2] Nicht auch, wenn das Verfahren ruht (§ 228 C.P.O.), oder im vorbereitenden Verfahren (§ 316 C.P.O.) Mot. 65. In der Kom. des Reichstags war als Gegenstand des Einverständnisses bezeichnet worden, daß die Gebühr nicht erhoben werden dürfe, wenn die Vertagung ohne Eingehen auf die Verhandlung der Sache (§ 128 C.P.O.) erfolgt (Kom.Ber. 74). Das Reichsgericht hat dagegen nur für erforderlich erklärt, daß entweder die Sachverhandlung begonnen hat, oder daß dem Vertagungsantrag widersprochen ist, Reichsgericht vom 16./11. 92 (Jur. Woch. 1893 S. 21), und daß im letzteren Falle das Verschulden der Partei und dessen Causalität für die Vertagung im Termin konstatirt wird. R.G. XXII, 429.

[3] Bezüglich des zur Begründung der Berufung dienenden neuen Vorbringens (S. 480 C.P.O.) nur, wenn die Frist des § 123 C.P.O. nicht eingehalten ist. R.G. XXXI, 388.

[4] §§ 251 Abs. 2, 256 Abs. 2, 502, 503 C.P.O.

[5] Bei wiederholter Verzögerung wiederholt. Mot. 67.

[6] Erstattung durch den Gegner findet nicht statt. §§ 87, 90 C.P.O.

[7] Zeitpunkt der Erhebung: § 94 Nr. 3.

[8] Vgl. Anm. 5 zu § 4. — Nicht auch gegen den die Erhebung einer Verzögerungsgebühr ablehnenden Beschluß. R.G. XXXII, 392.

e. Rechtsmittelinstanz.

49. In der Berufungsinstanz erhöhen sich die Gebührensätze um ein Viertheil, in der Revisionsinstanz um die Hälfte.[1]

Für eine Beweisanordnung sowie Beweisaufnahme in der Berufungsinstanz, welche nur auf Grund der in der ersten Instanz vorgebrachten Thatsachen und Beweismittel erfolgt, kommt eine Beweisgebühr nicht zur Erhebung, soweit eine solche rücksichtlich desselben Streitgegenstandes schon in der ersten Instanz zu erheben war.

[1] Beschwerdeinstanz: § 45.

Dritter Abschnitt.

Gebühren im Konkursverfahren.

Vgl. die angehängte Tabelle B.

Die Gebühren der §§ 51, 58 Abs. 1 sind Massekosten, die des § 55, soweit sie dem Verwalter zur Last fallen und nicht aus dem Erlöse des versteigerten Gegenstandes gedeckt werden, die des § 57 ebenfalls nur, wenn sie dem Verwalter zur Last fallen; ebenso die entsprechenden Auslagen. § 51 K.O.

Werthsklassen. Gebührensatz. Werthsfestsetzung.

50. Auf die Gebühren im Konkursverfahren finden die Vorschriften des §. 8 über die Werthsklassen und den Gebührensatz, sowie der §§. 14, 16, 17 dieses Gesetzes und des §. 3 der Civilprozeßordnung über die Werthsfestsetzung entsprechende Anwendung.

Tarifsystem.

a. Allgemeine Gebühr.

51. Für das Konkursverfahren, einschließlich des der Eröffnung vorangegangenen Verfahrens,[1] werden erhoben:

1. wenn auf Grund der Schlußvertheilung die Aufhebung des Konkursverfahrens erfolgt,[2] mit Einschluß von Nachtragsvertheilungen,[3] das Zweifache der Gebühr (§. 8);
2. wenn auf Grund eines Zwangsvergleichs die Aufhebung erfolgt,[4] die volle Gebühr (§. 8) und acht Zehntheile derselben;

3. wenn nach dem Beginne des Vollzugs einer Abschlagsvertheilung (Konkursordnung §. 147 Abs. 2) oder nach dem Beginn eines Vergleichtermins[5] eine Einstellung des Verfahrens (Konkursordnung §§. 188, 190) erfolgt, die volle Gebühr (§. 8) und fünf Zehntheile derselben;
4. wenn nach dem Ablaufe der Anmeldefrist[6] und vor den unter Nr. 3 bezeichneten Zeitpunkten eine Einstellung erfolgt, die volle Gebühr (§. 8) und drei Zehntheile derselben;
5. wenn vor dem Ablaufe der Anmeldefrist[6] eine Einstellung erfolgt, acht Zehntheile der Gebühr (§. 8).

[1] §§ 96—98 K.O. [2] § 151 K.O. [3] § 153 K.O.
[4] § 175 K.O. [5] § 166 K.O. [6] § 126 K.O.

Werthsberechnung.

52. Die im §. 51 bestimmte Gebühr wird nach dem Betrage der Aktivmasse erhoben. Massekosten,[1] mit Ausnahme der Gebühren des Konkursgerichts, des Konkursverwalters und des Gläubigerausschusses, sowie Masseschulden[2] werden abgesetzt. Gegenstände, welche zur abgesonderten Befriedigung dienen,[3] werden nur in Höhe des für diese nicht erforderlichen Betrags angesetzt.

Ist die Aktivmasse höher als die Schuldenmasse, so wird die Gebühr nach dem Betrage der letzteren erhoben.

Für die Berechnung der Masse ist die Zeit der Beendigung des Verfahrens maßgebend.[4]

[1] § 51 Nr. 2, 3 K.O. [2] § 52 K.O.
[3] §§ 39—45 K.O.
[4] Schon vorher können Abschlagszahlungen erhoben werden. § 95 Abs. 1.

b. Besondere Gebühren.

*53. Für den Beschluß, durch welchen der Antrag auf Eröffnung des Konkursverfahrens abgewiesen wird,[1] einschließlich des vorangegangenen Verfahrens, werden drei Zehntheile der Gebühr (§. 8) erhoben.

Wird das Verfahren durch Versagung der Zulassung des Antrags (Konkursordnung §. 97 Abs. 1, §. 194 Abs. 2, §. 195 Abs. 2, §. 199 Abs. 2, §. 205 Abs. 2) oder durch Zurücknahme des zugelassenen Antrags[2] erledigt, so wird nur ein Zehntheil der Gebühr (§. 8) erhoben.

Die Vorschrift des §. 52 findet Anwendung;[3] sofern jedoch der Antrag von einem Gläubiger gestellt wird und die Forderung desselben nicht höher ist, als der Betrag der Aktivmasse, wird die Gebühr nach dem Betrage dieser Forderung erhoben.

[1] §§ 98 Abs. 2, 99 K.O.
[2] Erfolgt die Zurücknahme vor der Zulassung, so werden Gebühren nicht erhoben.
[3] Die im Antrag bezeichnete bezw. in der Verhandlung berichtigte Höhe der Aktivmasse ist maßgebend, vorbehaltlich der Erledigung von Einwendungen, welche nach § 4 und § 16 dagegen erhoben werden. Kom.Ber. 74.

54. Für jeden besonderen Prüfungstermin[1] (Konkursordnung §. 130) werden nach dem Betrage der einzelnen Forderungen, zu deren Prüfung der Termin

dient, die volle Gebühr (§. 8) und, soweit Anmeldungen vor der Prüfung zurückgenommen werden, drei Zehntheile der Gebühr (§. 8) erhoben.[2] Auf die Werthsberechnung findet die Vorschrift des §. 136 der Konkursordnung entsprechende Anwendung.[3]

[1] Erfolgt die Zurücknahme vor der Anberaumung des Termins, so werden Gebühren nicht erhoben. Mot. 104.

[2] Vorschußpflicht: § 82 Nr. 2. — Zeitpunkt der Erhebung: § 95 Abs. 2. [3] Vgl. Anm. 1 zu § 9.

55. Für die auf Betreiben des Konkursverwalters erfolgende Zwangsverwaltung oder Zwangsversteigerung eines zur Konkursmasse gehörigen Gegenstandes (Konkursordnung §§. 116, 117) wird die Gebühr nach den Vorschriften über die Gebührenerhebung für Zwangsvollstreckungen[1] besonders erhoben.

[1] § 35 Nr. 2.

56. Für die in Gemäßheit des §. 115 der Konkursordnung erfolgende Abhaltung des zur Abnahme des Offenbarungseides bestimmten Termins (§. 43), sowie für das Verfahren und die Entscheidung über Anträge auf Erzwingung der Eidesleistung (Civilprozeßordnung §. 782) werden Gebühren nicht erhoben.

57. Für die Beschwerdeinstanz[1] wird die in den §§. 45, 46 bestimmte Gebühr besonders erhoben.[2]

Im Falle der Beschwerde gegen den Beschluß über Eröffnung des Konkursverfahrens (Konkursordnung §. 101) oder den Beschluß über Bestätigung eines Zwangsvergleichs (Konkursordnung §. 174) finden die Vorschriften des §. 52 Anwendung.

[1] § 66 Abs. 3 K.O. [2] Vgl. auch § 80a.

58. Für ein wiederaufgenommenes Konkursverfahren[1] wird einschließlich der Wiederaufnahme die volle Gebühr (§. 8) besonders erhoben.[2] Die Vorschriften der §§. 52, 54 bis 57 finden Anwendung.

Wird vor der Wiederaufnahme die Anordnung von Sicherheitsmaßregeln beantragt[3] (Konkursordnung §. 183 Abs. 2), so wird die Gebühr in Gemäßheit des §. 35 nach dem Werthe des Gegenstandes, durch welchen die Sicherung erfolgen soll,[4] besonders erhoben.

Die Gebühr für die Anordnung einer Sicherheitsmaßregel wird im Falle der Wiederaufnahme auf die im ersten Absatze bezeichnete Gebühr angerechnet.

[1] §§ 184—187 K.O. — Für die Abweisung des Wiederaufnahmeantrages werden Gebühren nicht erhoben.

[2] Einerlei, wodurch das aufgenommene Verfahren sein Ende erreicht.

[3] Vorschußpflicht: § 82 Nr. 2. — Zeitpunkt der Erhebung: § 95 Abs. 2.

[4] Sofern der Gegenstand zur abgesonderten Befriedigung dient, nur in Höhe des für diese nicht erforderlichen Betrages. Kom.Ber. 74.

Vierter Abschnitt.

Gebühren in Strafsachen.

Vgl. die angehängte Tabelle C.

Oeffentliche Klage.

59. In Strafsachen giebt die rechtskräftig erkannte Strafe[1] den Maßstab für die Höhe der Gerichtsgebühren aller Instanzen.[2]

Ist neben einer Freiheitsstrafe auf Geldstrafe erkannt, so wird der ersteren die für den Fall, daß die

Geldstrafe nicht beigetrieben werden kann, festgesetzte Freiheitsstrafe hinzugerechnet. Ist die bedingte Festsetzung der Freiheitsstrafe unterlassen worden, so wird für jeden angefangenen Betrag von zehn Mark der Geldstrafe ein Tag Freiheitsstrafe zugerechnet.

Ist nur auf Geldstrafe und für den Fall, daß dieselbe nicht beigetrieben werden kann, auf Freiheitsstrafe erkannt, so bestimmt sich die Gebühr nach der Höhe der ersteren. In diesem Falle, sowie wenn nur auf Geldstrafe erkannt ist, darf die Gebühr den Betrag der Geldstrafe nicht übersteigen.

[1] Die Anrechnung der Untersuchungshaft auf die Strafe (§ 60 St.G.B., § 482 St.P.O.) bleibt für die Gebührenberechnung unberücksichtigt. Mot. 87. Desgl. ein dem Angeklagten neben der Defraudationsstrafe an Stelle der nicht vollstreckbaren Einziehung auferlegter Werthersatz. R.G. XXII, 103.

[2] Auch dann, wenn in der höheren Instanz nur einer der mehreren Streitfälle, wegen deren die Verurtheilung in der unteren Instanz erfolgt ist, Gegenstand der Verhandlung war. Reichsgericht v. 24./3. 91 (Jur. Woch. 296).

60. Im Falle des §. 79 des Strafgesetzbuchs bestimmt sich die Gebühr für das neue Verfahren durch den Betrag, um welchen die Gesammtstrafe die früher erkannte Strafe übersteigt.

Im Falle des §. 492 der Strafprozeßordnung ist eine besondere Gebühr nicht zu erheben.

61. Betrifft eine Strafsache mehrere Angeschuldigte, so ist die Gebühr von jedem Verurtheilten besonders nach Maßgabe der gegen ihn erkannten Strafe[1] zu erheben.[2]

[1] Bei solidarischer Haftung für eine Gesammtstrafe nach Maßgabe der Gesammtstrafe. R.G. XXI, 61.
[2] Haftung für die Auslagen: § 498 Abs. 2 St.P.O.

62. Für das Verfahren in erster Instanz werden erhoben:[1]

im Falle einer Geldstrafe oder Freiheitsstrafe[2] von

1.	....	1 bis 20 Mark einschl. oder	
		1 bis 10 Tage einschl.	5 Mark
2.	mehr als	20 bis 30 Mark einschl.	
	„ „	10 Tage bis 14 Tage einschl.	10 „
3.	„ „	30 bis 60 Mark einschl. oder	
	„ „	14 Tage bis 4 Wochen einschl.	20 „
4.	„ „	60 bis 150 Mark einschl. oder	
	„ „	4 Wochen bis 6 Wochen einschl.	30 „
5.	„ „	150 bis 300 Mark einschl. oder	
	„ „	6 Wochen bis 3 Monate einschl.	45 „
6.	„ „	300 bis 500 Mark einschl. oder	
	„ „	3 Monate bis 6 Monate einschl.	60 „
7.	„ „	500 bis 1000 Mark einschl. oder	
	„ „	6 Monate bis 1 Jahr einschl.	75 „
8.	„ „	1000 bis 1500 M. einschl. oder	
	„ „	1 Jahr bis 2 Jahre einschl.	100 „
9.	„ „	1500 bis 3000 M. einschl. oder	
	„ „	2 Jahre bis 3 Jahre einschl.	130 „
10.	„ „	3000 Mark .... oder	
	„ „	3 Jahre bis 10 Jahre einschl.	180 „
11.	im Falle einer schwereren Strafe....		300 „

Ist auf Verweis erkannt, so beträgt die Gebühr .... 5 „

und ist ausschließlich auf Verlust der bürgerlichen Ehrenrechte überhaupt oder einzelner bürgerlicher Ehrenrechte erkannt . . . . 45 Mark.

[1] Ist der Angeklagte freigesprochen oder außer Verfolgung gesetzt, so werden Gebühren auch nicht für die durch schuldhafte Versäumung des Angeklagten nöthig gewordenen Prozeßhandlungen, Wiedereinsetzung, unbegründete Rechtsmittel, berechnet. Mot. 87. Vgl. § 68 Abs. 2. Nur die dadurch verursachten Auslagen kommen in Ansatz. §§ 499, 500, 505 St.P.O.

[2] Ist neben einer anderen Freiheitsstrafe auf Festungshaft oder Haft erkannt, so wird die Gebühr nach dem durch Zusammenrechnung der mehreren Strafen gefundenen Zeitmaß berechnet. Kom.Ber. 74.

63. Zwei Zehntheile der Sätze des §. 62 werden erhoben in dem Verfahren bei amtsrichterlichen Strafbefehlen, wenn die Strafe ohne Hauptverhandlung rechtskräftig festgesetzt ist (Strafprozeßordnung §. 450).

Wird der gegen einen Strafbefehl erhobene Einspruch wegen Ausbleibens des Angeklagten in der Hauptverhandlung durch Urtheil verworfen (Strafprozeßordnung §. 452), so sind für das ganze Verfahren vier Zehntheile der Sätze des §. 62 zu erheben.

64. Hat weder eine Voruntersuchung, noch in dem Hauptverfahren eine Beweisaufnahme stattgefunden, so kann das Gericht die Sätze des §. 62 bis auf fünf Zehntheile ermäßigen.

Das Gleiche gilt in den Fällen des §. 211 der Strafprozeßordnung.

65. Die Sätze des §. 62 sind für die Berufungsinstanz, sowie für die Revisionsinstanz zu erheben, wenn in derselben eine Hauptverhandlung stattgefunden hat

und das Rechtsmittel nicht als unzulässig verworfen wird.[1]

Hat eine Beweisaufnahme in der Berufungsinstanz nicht stattgefunden, so kann das Gericht die Sätze bis auf fünf Zehntheile ermäßigen.

Wird die Berufung wegen Ausbleibens des Angeklagten in der Hauptverhandlung verworfen (Strafprozeßordnung §. 370), oder betrifft die Berufung die Verwerfung des gegen einen Strafbefehl erhobenen Einspruchs (Strafprozeßordnung §. 452), so sind vier Zehntheile zu erheben.

[1] Nach § 59 werden die Kosten der Rechtsmittelinstanz auch dann nach der ganzen schließlich rechtskräftig gewordenen Strafe berechnet, wenn durch die Rechtsmittelanträge nicht die Beseitigung der ganzen Strafe, sondern nur eines Theiles derselben oder neben der Hauptstrafe erkannter Nebenstrafen beansprucht war. R.G. XVIII, 369.

66. Ein Zehntheil der Sätze des §. 62 wird besonders erhoben:[1]

1. für Verwerfung eines Gesuchs um Wiedereinsetzung in den vorigen Stand (Strafprozeßordnung §§. 46, 234, 370 Abs. 2);
2. für die Entscheidung, durch welche eine Berufung oder Revision als unzulässig verworfen wird[2] (Strafprozeßordnung §§. 360, 363, 386, 389);
3. für die Entscheidung, durch welche ein Antrag auf Wiederaufnahme des Verfahrens als unzulässig verworfen wird (Strafprozeßordnung §. 408);
4. für die Entscheidung, durch welche ein Einspruch

4*

gegen einen amtsrichterlichen Strafbefehl (Strafprozeßordnung §. 449) oder ein Antrag auf gerichtliche Entscheidung nach vorangegangener polizeilicher Strafverfügung (Strafprozeßordnung §. 454) oder nach Erlaß eines Strafbescheides einer Verwaltungsbehörde (Strafprozeßordnung §. 460) als unzulässig verworfen wird;

5. für Zurückweisung von Beschwerden gegen die unter Nr. 1 bis 4 bezeichneten Entscheidungen.

[1] Nur wenn der Beschuldigte rechtskräftig verurtheilt ist. Anm. 1 zu § 62.

[2] Einerlei, ob durch Beschluß oder Urtheil. Mot. 89.

67. Wird ein Antrag auf Wiederaufnahme des Verfahrens als unbegründet verworfen[1] (Strafprozeßordnung §§. 410, 411 Abs. 1), so werden zwei Zehntheile und, wenn eine Beweisaufnahme stattgefunden hat (Strafprozeßordnung §. 409), vier Zehntheile der Sätze des §. 62 erhoben.

Für Zurückweisung von Beschwerden gegen die im vorstehenden Absatze bezeichneten Entscheidungen wird ein Zehntheil der Sätze des §. 62 erhoben.

[1] Wird Wiederaufnahme angeordnet: § 77.

68. Für die Zurückweisung anderer, als der in §. 66 Nr. 5, §. 67 Abs. 2 bezeichneten Beschwerden wird eine Gebühr von 1 Mark erhoben.

Die Gebühr ist von dem Beschuldigten nur zu erheben, wenn er zu Strafe rechtskräftig verurtheilt wird.

Unbegründete Anträge auf Strafverfolgung.

69. Werden in den Fällen der §§. 172 und 173

der Strafprozeßordnung nach Maßgabe der §§. 175 und 504 derselben dem Antragsteller[1] die Kosten[2] auferlegt, so beträgt die Gebühr:

wenn es sich um eine Uebertretung handelt 20 M.;
wenn es sich um ein Vergehen handelt . . 50 „
wenn es sich um ein Verbrechen handelt 100 „ .

Das Gleiche gilt im Falle des §. 501 der Strafprozeßordnung.

Im Falle des §. 174 Abs. 2 der Strafprozeßordnung ist die Hälfte der vorstehenden Sätze zu erheben. Das Gleiche gilt, wenn nach eröffnetem Hauptverfahren[3] die Einstellung des Verfahrens wegen Zurücknahme desjenigen Antrags erfolgt, durch welchen dasselbe bedingt war.

[1] Haftung mehrerer Antragsteller: §§ 504, 503 Abs. 4 St.P.O.; auch §§ 91, 92 dieses Gesetzes.

[2] Wird ihm nur ein Theil der Kosten auferlegt, so ist nur der entsprechende Theil der Gebühr zu erheben. Kom.Ber. 74.

[3] Erfolgt sie vorher, so werden Kosten nicht erhoben. Mot. 90.

Privatklage.

*70. Für das Verfahren auf erhobene Privatklage werden in erster Instanz erhoben:[1]

1. wenn nach Beginn der Hauptverhandlung Einstellung des Verfahrens erfolgt . 5 Mark;
2. wenn außer dem Falle der Nr. 1 die Instanz ohne Beweisaufnahme durch Urtheil beendigt wird . . . . 15 „
3. wenn außer dem Falle der Nr. 1 die Instanz nach stattgehabter Beweisaufnahme durch Urtheil beendigt wird . 20 „

Dieselben Sätze sind für die Berufungsinstanz sowie für die Revisionsinstanz zu erheben.

Für die Widerklage wird ein besonderer Satz nicht erhoben.

Die von der Verwaltungsbehörde erhobene Klage (Strafprozeßordnung §. 464) ist nicht als Privatklage im Sinne dieses Gesetzes zu erachten.

[1] Vorschußpflicht: § 84 Abs. 2, 3.

71. In dem Verfahren auf erhobene Privatklage sind:

1.	in den Fällen des §. 66 Nr. 1, 2, 3, sowie bei Zurückweisung von Beschwerden gegen die ebendaselbst bezeichneten Entscheidungen	2 Mark,
2.	im Falle des §. 67 Abs. 1	4 „
	und, wenn eine Beweisaufnahme stattgefunden hat	8 „
3.	im Falle des §. 67 Abs. 2	2 „
4.	in den Fällen des §. 68	1 „
5.	für Zurückweisung einer Privatklage .	3 „
6.	für Verwerfung einer Beschwerde über Zurückweisung einer Privatklage . .	3 „

zu erheben.

72. Bei Zurücknahme einer Privatklage vor Beginn der Hauptverhandlung werden 2 Mark erhoben.

73. Sind in einer Sache mehrere Personen als Privatkläger oder als Beschuldigte in derselben Instanz betheiligt, so wird ohne Rücksicht auf die Zahl der Personen das Doppelte der in den §§. 70 bis 72 bestimmten Gebühren erhoben.[1]

[1] Haftung: § 503 Abs. 4 St.P.O.

Nebenklage.

74. Werden dem Nebenkläger die Kosten eines von ihm eingelegten Rechtsmittels auferlegt[1] (Strafprozeßordnung §. 441), so sind die Sätze zu erheben, welche nach Maßgabe der §§. 70, 71, 73 zu erheben sein würden, wenn er als Privatkläger das Rechtsmittel eingelegt hätte.[2]

[1] Vorschußpflicht: § 84 Abs. 2, 3.

[2] Sonst werden für den Anschluß Gebühren nicht berechnet.

Verfahren bei Einziehungen und Vermögensbeschlagnahmen.

75. Für das Verfahren in den Fällen der §§. 477 bis 479 der Strafprozeßordnung beträgt die Gebühr in jeder Instanz 5 Mark.

Zurücknahme.

76. Wird ein Gesuch, ein Antrag, ein Einspruch oder eine Beschwerde vor der Entscheidung über dieselben, oder wird eine Berufung oder eine Revision vor Beginn der Hauptverhandlung durch Zurücknahme oder Einstellung des Verfahrens erledigt, so werden drei Zehntheile der Gebühr erhoben, welche nach Maßgabe der §§. 66 bis 68, 69 Abs. 1, §§. 71, 73 bis 75 für eine zurückweisende Entscheidung zu erheben sein würde.

Wiederaufnahme.

77. Wird die Wiederaufnahme des Verfahrens angeordnet[1] (Strafprozeßordnung §. 410), so werden, wenn das frühere Urtheil aufrecht erhalten wird, die Gebühren für das neue Verfahren nach denselben Bestimmungen, wie für das erste Verfahren erhoben. Führt die Wiederaufnahme zu einer Aufhebung des früheren Urtheils, so gilt für die Gebührenerhebung das neue Verfahren mit dem früheren Verfahren zusammen als Ein Verfahren der Instanz.[2]

[1] Wird der Antrag auf Wiederaufnahme verworfen: § 67 Abs 1.

[2] Wird der Angeklagte freigesprochen oder außer Verfolgung gesetzt, so treffen ihn nur die durch seine schuldhafte Versäumniß verursachten Auslagen. Anm. 1 zu § 62. Wird er zu einer geringeren Strafe verurtheilt, so werden die Gebühren auf Grund dieser und nur einmal erhoben.

Besondere Gebühren.

* 78. Nach Maßgabe der Vorschriften des zweiten Abschnitts werden besonders erhoben:

1. die Gebühren für Akte, welche die Verpflichtung eines Vertheidigers zur Tragung der durch Verschulden desselben veranlaßten Kosten[1] (Strafprozeßordnung §. 145) betreffen;
2. die Gebühren für Entscheidungen, welche betreffen:
   a) Anträge auf Festsetzung der zu erstattenden Kosten[2] (Strafprozeßordnung §. 496 Abs. 2);
   b) die Vollstreckung einer über eine Vermögensstrafe, eine Buße oder über Erstattung von Kosten ergangenen Entscheidung[3] (Strafprozeßordnung §§. 495, 496);
   c) die Beschwerde gegen eine Entscheidung,[4] durch welche der Verfall einer zur Abwendung einer

Untersuchungshaft oder zur Erlangung eines Strafaufschubs bestellten Sicherheit ausgesprochen wird[5] (Strafprozeßordnung §§. 122, 488).

[1] Gebührenfrei: § 47 Nr. 5, wenn nicht muthwillig veranlaßt: § 47 Abs. 2. [2] § 38 Nr. 1. [3] § 35.

[4] Die angefochtene Entscheidung ergeht gebührenfrei.

[5] § 45.

Fünfter Abschnitt.

Auslagen.

Vgl. auch § 151 R.Ges. v. 1./5. 89 (R.G.B. 89).

79. An baaren Auslagen werden[1] erhoben:

1. die Schreibgebühren;[2]
2. die Post- und Telegraphengebühren;
3. die durch Einrückung einer Bekanntmachung in öffentliche Blätter entstehenden Kosten;
4. die an Zeugen und Sachverständige zu zahlenden Gebühren;[3]
5. die bei Geschäften außerhalb der Gerichtsstelle den Gerichtsbeamten zustehenden[4] Tagegelder und Reisekosten;
6. die an andere Behörden oder Beamte[5] oder an Rechtsanwälte[6] für deren Thätigkeit zu zahlenden Beträge;
7. die Kosten eines Transports von Personen;[7]
8. die Haftkosten[8] nach Maßgabe der für die Strafhaft geltenden landesgesetzlichen Vorschriften.[9]

[1] Ausschließlich. § 1.

[2] Das verwendete Papier wird nicht besonders berechnet, Kom.Ber. 74.

[3] Nach Maßgabe der G.O. für Zeugen und Sachverständige vom 30. Juni 1878 (R.G.B. 173). — Siehe S. 87.

[4] Nach der Ansicht des Kammergerichts unabhängig davon, ob sie wirklich zur Verausgabung gelangt sind oder nicht. Beschl. v. 26./11. 83. (Johow IV, 230.)

[5] §§ 182, 328 C.P.O. — §§ 81, 83 Abs. 3, § 92 St.P.O. — § 19 G.O. für Ger.Vollz. Siehe S. 83.

[6] § 150 St.P.O.

[7] Baden: §§ 26 ff. Gerichtskostenordnung v. 2./1. 90 (Ges. u. Ver.Bl. 11). Ver. v. 15./1. 92 (Ges. u. Ver.Bl. 21).

[8] §§ 355 Abs. 2, 774, 782, 798, 812 C.P.O. — § 69 Abs. 2 St.P.O. — § 93 Abs. 2 K.O.

[9] Preußen: § 22 Ges. v. 10./3 79 (G.S. 145). Verf. v. 22./3. und 12./11. 83 (J.M.Bl. 81 u. 339). Bayern: Verord. v. 3./12. 81 (Ges. u. Ver.Bl. 1331). Bekanntm. v. 4./12. 81 (J.M.Bl. 456). Baden: § 40 Gerichtskostenordnung v. 2./1. 90 (Ges. u. Ver.Bl. 16). Elsaß-Lothringen: Verf. v. 14./1. 87 (Samml. v. Ges. betr. d. Just.Verw. Bd. XII. S. 10).

80. Die Schreibgebühren werden für Ausfertigungen und Abschriften[1] erhoben. Die Schreibgebühr beträgt für die Seite, welche mindestens zwanzig Zeilen von durchschnittlich zwölf Silben enthält,[2] zehn Pfennig, auch wenn die Herstellung auf mechanischem Wege stattgefunden hat.

Jede angefangene Seite wird voll berechnet.

[1] Also nicht für Adressen auf Briefumschlägen. R.G. XXXI, 403.

[2] Für eine Seite, die mehr enthält, auch nur 10 Pf. — So auch R.G. XXI, 419.

***80a.** Schreibgebühren werden nicht erhoben:

1. für die von Amtswegen anzufertigenden Ausfertigungen und Abschriften in den Fällen der

§§. 4, 6, 16, 45, 47, 57, sofern in denselben keine Gebühren zu erheben sind;[1]

2. für die Benachrichtigung von dem gegen einen Zahlungsbefehl erhobenen Widerspruche (Civilprozeßordnung §. 634);
3. für den Vollstreckungsbefehl (Civilprozeßordnung §. 639);
4. für die Vollstreckungsklausel (Civilprozeßordnung §. 663);
5. für das Zeugniß der Rechtskraft und für das Zeugniß, daß innerhalb der Nothfrist ein Schriftsatz zur Terminsbestimmung nicht eingereicht sei (Civilprozeßordnung §. 646).

[1] Für die nach §§ 342, 367 C.P.O. vom Gerichtsschreiber auszufertigenden Ladungen der Zeugen und Sachverständigen sind Schreibgebühren zu erheben. R.G. VI, 355. Desgleichen für die nach § 506 Abs. 2 C.P.O. dem Gerichtsschreiber erster Instanz mitzutheilende Abschrift des Urtheils der Berufungs-Instanz. R.G. XI, 410. Ebenso für die zu den Akten der ersten Instanz zu ertheilende Abschrift des auf die Beschwerde ergangenen Beschlusses. Reichsgericht v. 13./5. 89. (Rassow und Küntzel XXXIII, 1094.)

***80b.** Für die von Amtswegen bewirkten Zustellungen werden baare Auslagen nicht erhoben.[1] Die Erhebung der Schreibgebühr für die Ausfertigungen und Abschriften des zuzustellenden Schriftstücks wird hierdurch nicht ausgeschlossen.

[1] Also auch keine Postgebühren. § 79 Nr. 2. Reichsgericht v. 27./6. 83 (Rassow und Küntzel XXVII, 1130); auch nicht Gebühren des Zustellungsbeamten. Reichsgericht v. 29./3. 93 (Jur. Woch. 216).

Sechster Abschnitt.
Kostenvorschuß und Kostenzahlung.

Besondere Vorschriften, wenn das Armenrecht bewilligt ist, für die arme Partei: § 107 C.P.O., für deren Gegner: §§ 111. 114 C.P.O. Vgl. auch R.G. XXIII, 352.

Kostenvorschuß.

81. In bürgerlichen Rechtsstreitigkeiten ist ein Gebührenvorschuß[1] für jede Instanz[2] von dem Antragsteller[3] zu zahlen. Der Vorschuß beträgt soviel wie die höchste Gebühr, welche für einen Akt der Instanz zum Ansatze kommen kann.

Diese Verpflichtung besteht auch für den Widerkläger[4] und im Falle wechselseitig eingelegter Rechtsmittel für jede Partei, in beiden Fällen unter getrennter Berechnung der Streitgegenstände.[5]

Bei Erweiterung der Anträge ist der Vorschuß nach Maßgabe der Erweiterung zu erhöhen.

[1] Der Vorschuß einer Partei kann, soweit diese nicht Schuldner wird, nicht zur Deckung von Gebühren und Auslagen verwendet werden, für welche der Gegner vorschußpflichtig ist. Kom.Ber. 75.

[2] Anm. 2 zu § 12, §§ 30—32, 39.

[3] D. i. von der Partei, nicht von dem sie vertretenden Anwalt. Kom.Ber. 74, 75. Ebenso Verf. des Preuß. Just.Min. v. 28./1. 80 (J.M.Bl. 103) und Kammerger. v. 2./1. 82 (Johow III, 192).

[4] Unabhängig von der in § 11 aufgestellten Unterscheidung. Mot. 103. Doch wird in Ehesachen der Vorschuß nur vom Kläger, bezw. dem, der das Rechtsmittel eingelegt hat, erhoben. Reichsgericht vom 11./5. 94 (Jur. Woch. 366).

[5] Vgl. auch § 11 Abs. 2, § 94 Nr. 2. In Preußen wird in bürgerlichen Rechtsstreitigkeiten der Vorschuß des § 81 erst nach dem Tage erhoben, auf welchen der erste Termin zur mündlichen Verhandlung anberaumt ist, vorher nur bei Besorgniß des Verlustes.

§ 14 Nr. 2 Kassen-Instruktion v. 15./7. 93 (J.M.Bl. 324). Aehnlich in Baden, § 85 Gerichtskostenordnung v. 2./1. 90 (Ges. u. Ver.Bl. 30), ferner in Sachsen in amtsgerichtlichen Sachen bei Werthgegenstand bis 300 Mk. Verordn. v. 20./12. 81 (J.M.Bl. 81) u. v. 30./12. 83 (J.M.Bl. 67).

82. Im Konkursverfahren ist ein Gebührenvorschuß

1. bei dem Antrag auf Eröffnung des Konkursverfahrens,[1]
2. bei der Anmeldung einer Konkursforderung nach dem Ablaufe der Anmeldefrist,
3. bei dem Antrag auf Anordnung einer Sicherheitsmaßregel in Gemäßheit des §. 183 Abs. 2 der Konkursordnung[1]

von dem Antragsteller[2] zu zahlen.

Der Vorschuß beträgt ebensoviel wie die zu erhebende Gebühr,[3] im Falle der Nr. 1 soviel wie die im §. 53 Abs. 1 bestimmte Gebühr.

[1] Der Vorschuß wird im Falle der Eröffnung (Nr. 1) bezw. Wiederaufnahme (Nr. 3) des Verfahrens auf die Gebühren verrechnet, vorbehaltlich des Rückgriffs des Zahlenden gegen die Masse. §§ 87 Abs. 2, 90. Mot. 104. Etwas abweichend Baden: § 92 Gerichtskostenordnung v. 2./1. 90 (Ges. u. Ver.Bl. 32).

[2] Der Gemeinschuldner, der den Eröffnungsantrag stellt, haftet für den Vorschuß auch mit seinem nicht zur Masse gehörigen Vermögen. Mot. 104.

[3] Im Falle der Nr. 2 vgl. § 54, im Falle der Nr. 3 vgl. § 58 Abs. 2.

83. In Strafsachen ist von dem Privatkläger oder demjenigen, welcher als Privatkläger eine Berufung oder Revision einlegt oder eine Wiederaufnahme des Verfahrens beantragt, sowie von dem Nebenkläger, welcher

eine Berufung oder Revision einlegt, ein Gebührenvorschuß von 10 Mark für die Instanz zu zahlen.

Im Falle des §. 75 beträgt der Vorschuß 5 Mark.

84. Außer dem Gebührenvorschuß (§§. 81 bis 83) ist bei jedem Antrag auf Vornahme einer Handlung, mit welcher baare Auslagen verbunden sind, ein zur Deckung derselben hinreichender Vorschuß von dem Antragsteller[1] zu zahlen.[2]

Diese Vorschußpflicht besteht in Strafsachen nur in dem Verfahren auf erhobene Privatklage und für den Nebenkläger, welcher sich eines Rechtsmittels bedient.

Die Ladung und Vernehmung von Zeugen oder Sachverständigen auf Antrag des Privatklägers oder des Nebenklägers kann von der vorgängigen Zahlung eines zur Deckung der erwachsenden Auslagen hinreichenden Vorschusses abhängig gemacht werden.[3]

[1] Dies ist im Läuterungsverfahren derjenige, der die Umwandlung des bedingten Endurtheils in ein unbedingtes betreibt. R.G. XIII, 426. — Vgl. auch Anm. 3 zu § 81. — Von mehreren Antragstellern haftet jeder für den ganzen Vorschuß. Reichsgericht vom 21./9. 86 (Jur. Woch. 317) u. 13./3. 89 (Jur. Woch. S. 139).

[2] In Preußen werden die Vorschüsse des § 84 nur erhoben, a) wenn die Erhebung richterlich angeordnet ist, b) wenn die Auslagen voraussichtlich den Betrag von 30 Mk. übersteigen werden, c) wenn die Auslagen einer deutschen Gesandtschaft, einem deutschen Konsulat oder einer nichtdeutschen Behörde entstehen, d) wenn die Besorgniß eines Verlustes vorliegt. § 14 Nr. 3 Kassen-Instr. v. 15./7. 93 (J.M.Bl. 324). — Wegen Kostenvorschusses für Schreibgebühren vgl. auch § 12 Nr. 6 daselbst. — Baden: §§ 86, 94, 95 Gerichtskostenordnung v. 2./1. 90 (Ges. u. Ver.Bl. 30). — Vgl. auch Anm. 1 zu § 81.

[3] Ebenso: §§ 344, 367, 792 C.P.O., § 85 Abs. 5, § 97 Abs. 2 dieses Gesetzes. — Beschwerde: § 346 St.P.O.

85. Ausländer,[1] welche als Kläger[2] auftreten, haben das Dreifache des im §. 81 bestimmten Betrags als Vorschuß zu zahlen.[3]

Diese Verpflichtung tritt nicht ein:

1. wenn nach den Gesetzen des Staates, welchem der Kläger angehört, ein Deutscher in gleichem Falle zu einer besonderen Vorauszahlung oder zu einer Sicherstellung der Gerichtskosten nicht verpflichtet ist;[4]
2. im Urkunden- oder Wechselprozesse;
3. bei Widerklagen;
4. bei Klagen, welche in Folge einer öffentlichen Aufforderung angestellt werden;[5]
5. bei Klagen aus Ansprüchen, welche in das Grund- oder Hypothekenbuch einer deutschen Behörde eingetragen sind;
6. wenn dem Kläger das Armenrecht bewilligt ist.[6]

Die Verpflichtung besteht auch dann, wenn im Laufe des Rechtsstreits der Kläger die Eigenschaften eines Deutschen verliert,[7] oder die Voraussetzung, unter welcher der Ausländer von der Verpflichtung befreit war, wegfällt.

Unter den gleichen Voraussetzungen haben Ausländer in den Fällen des §. 83 Abs. 1 einen Gebührenvorschuß von 30 Mark zu zahlen.

Vor Zahlung des von einem Ausländer nach den vorstehenden Bestimmungen oder den Bestimmungen der §. 83 Abs. 2, §. 84 zu zahlenden Vorschusses ist die Vornahme jeder gerichtlichen Handlung abzulehnen,[8] sofern nicht glaubhaft gemacht wird,[9] daß die Verzögerung dem Ausländer einen nicht zu ersetzenden Nachtheil bringen würde.[10]

[1] Art. 3 Verf. des D. R. v. 16./4. 71 (B.G.B. 64). § 1 B.Ges. v. 1./6. 70 (B.G.B. 355).

[2] Nicht auch, wenn sie als Beklagte ein Rechtsmittel einlegen. R.G. XXXI, 385.

[3] Der Gegner hat kein Beschwerderecht, falls dieser Vorschuß nicht verlangt wird. Reichsgericht vom 2./11. 93 (Jur. Woch. 1894 S. 10). Sicherheitsleistung an den Gegner: §§ 102, 103 C.P.O., § 419 St.P.O.

[4] So in Frankreich in Handelssachen. Art. 423 code de proc. Reichsgericht v. 25./9. 91 (Rassow u. Küntzel XXXVII, 430). Bezüglich Oesterreichs vgl. Bayr. Bekanntm. v. 26./2. 80 (J.M.Bl. 61), bezüglich Rußlands: Reichsgericht v. 29./9. 91 (Jur. Woch. 472).

[5] § 823 C.P.O. [6] § 106 C.P.O., § 419 St.P.O.

[7] §§ 13 ff. B.Ges. v. 1./6. 70 (B.G.B. 355).

[8] Der Gegner des Ausländers kann auf Erlaß des Versäumnißurtheils antragen. Reichsgericht v. 24./5. 90 (Jur. Woch. 256).

[9] § 266 C.P.O.

[10] Deshalb darf aber die Terminbestimmung auf dem zur Einlegung des Einspruchs 2c. bestimmten Schriftsatz nicht abgelehnt werden. Reichsgericht v. 23./1. 93 (Jur. Woch. 126). Beschwerde: § 530 C.P.O., § 346 St.P.O., § 66 Abs. 3 K.O.

Verpflichtung zur Kostenzahlung.

86. Schuldner der entstandenen Gebühren und Auslagen ist derjenige, welchem durch gerichtliche Entscheidung die Kosten des Verfahrens auferlegt sind,[1] oder welcher dieselben durch eine vor dem Gericht abgegebene oder demselben mitgetheilte Erklärung übernommen hat.[2]

Schuldner der Schreibgebühr für Ausfertigungen und Abschriften, welche nicht von Amtswegen zu ertheilen sind, ist der Antragsteller.

[1] Ist auf gegenseitige Aufhebung der Kosten erkannt (§ 88 C.P.O.), so bedeutet dies hinsichtlich der Gerichtskosten deren halbscheidliche Theilung zwischen den Parteien. R.G. VI, 400.

[2] Im Falle des § 502 St.P.O. stets nur der Antragsteller. Reichsgericht v. 4./7. 92 (Jur. Woch. 419).

87. Die durch gerichtliche Entscheidung begründete Verpflichtung zur Zahlung der Gebühren und Auslagen (§. 86) erlischt, insoweit eine Aufhebung oder Abänderung der Entscheidung erfolgt.[1]

Die Zurückzahlung bereits bezahlter Beträge[2] findet, soweit der Gebührenansatz bestehen bleibt, nicht statt.[3]

[1] Jedoch § 90.

[2] Bezieht sich nicht auf den Kostenvorschuß im Sinne des § 84; dieser wird, soweit nicht verwendet, zurückgezahlt. Reichsgericht v. 21./9. 83 (Braun u. Blum VIII, 360).

[3] Ausnahme: § 98 Abs. 4.

88. Sind die entstandenen Gebühren und Auslagen von der einen oder der anderen Partei durch Uebereinkunft beider Parteien übernommen (§. 86), so haftet jede Partei wenigstens für die Hälfte derselben.[1]

Diese Haftbarkeit kann erst geltend gemacht werden, wenn eine Zwangsvollstreckung in das bewegliche Vermögen der nach §. 86 zahlungspflichtigen Partei erfolglos geblieben ist.

[1] Auf noch entstehende nicht anwendbar. Kom.Ber. 75.

89. In Ermangelung eines anderen Schuldners (§. 86) ist derjenige, welcher das Verfahren der Instanz[1] beantragt hat,[2] Schuldner der entstandenen Gebühren und Auslagen.[3] Soweit es sich jedoch um Auslagen handelt, für welche der Gegner in Gemäßheit des §. 84

Vorschuß zu leisten verpflichtet war, sind diese Auslagen vom Gegner zu erheben.

[1] Anm. 2 zu § 12, §§ 33, 39. — Wird in der Revisionsinstanz das Berufungsurtheil aufgehoben und die Sache unter Vorbehalt der Entscheidung über die Kosten der Revisionsinstanz in die Berufungsinstanz zurückverwiesen, so werden die Kosten der Revisionsinstanz fällig und sind vom Revisionskläger zu zahlen. R.G. XX, 428. Der Revisionskläger bleibt auch Schuldner der Staatskasse, wenn demnächst von der unteren Instanz dem Gegner die Kosten des Rechtsstreites endgültig auferlegt sind. R.G. XXIV, 436. — Ebenso hinsichtlich der Berufungsinstanz: Verf. d. Preuß. Just.Min. v. 3./5. 84 (J.M.Bl. 89), des Sächs. Just.Min. v. 30./8. 88 (J.M.Bl. 17).

[2] Die Partei, nicht der Anwalt, letzterer auch dann nicht, wenn er seine Vertretungsbefugniß nicht nachgewiesen hat. Reichsgericht v. 2./7. 91 (Rassow u. Küntzel XXXVII, 136).

[3] Nicht anwendbar auf die Gebühren und Auslagen im Konkursverfahren, welche Massekosten sind. Vgl. die Bemerkung vor § 50. Mot. 101. — Dagegen bei der Zwangsvollstreckung. Reichsgericht v. 14./11. 82 (Jur. Woch. 1883 S. 5).

90. Die Verpflichtung zur Zahlung der vorzuschießenden Beträge[1] (§§. 81 bis 85) bleibt bestehen, wenn auch die Kosten des Verfahrens einem Anderen auferlegt oder von einem Anderen übernommen sind.

[1] Im gesetzlichen Umfange, wenn auch durch Anordnung der Verwaltung oder des Gerichts jene Verpflichtung während des Prozesses nicht oder nur beschränkt (vgl. Anm. 2 zu § 84) in Anspruch genommen wird. Reichsgericht v. 28./3. 89 (Rassow und Küntzel XXXIII, 1097).

91. Besteht die Partei aus mehreren Personen,[1] so haften dieselben in Ermangelung einer gerichtlichen Entscheidung über die Kostenvertheilung nach Kopftheilen.[2]

[1] Anders § 61.

[2] Wegen Kostenerstattung im Civilprozeß vgl. § 95 Abs. 1 C.P.O., im Strafprozeß § 503 Abs. 4, 5, § 505 St.P.O.

92. Durch die Bestimmungen der §§. 81 bis 91 wird eine nach den Vorschriften des bürgerlichen Rechts oder den Vorschriften der Civilprozeßordnung §. 697, der Konkursordnung §§. 50 bis 53, 130, oder der Strafprozeßordnung §. 498 Abs. 2, §. 503 Abs. 4, §. 504 begründete Verpflichtung zur Zahlung der entstandenen Gebühren und Auslagen nicht berührt.[1]

[1] Daneben bleibt die in den §§ 81 ff. bezeichnete Person Schuldnerin der Staatskasse. Reichsgericht v. 19./9. 89 (Jur.Woch. 402).

Fälligkeit der Kosten.

93. Die Gebühren und Auslagen werden fällig, sobald das Verfahren oder die Instanz[1] durch unbedingte Entscheidung über die Kosten,[2] durch Vergleich oder Zurücknahme oder anderweite Erledigung beendigt ist.

[1] Anm. 1 zu § 89.

[2] §§ 243, 311, 476, 529 C.P.O. § 431 St.P.O. — In Preußen erfolgt in bürgerlichen Rechtsstreitigkeiten die Verrechnung des Vorschusses und Rückzahlung des nicht verbrauchten Theils auf Antrag des vorschußpflichtigen Klägers oder Berufungsklägers schon dann, wenn er nur anzeigt, daß er die Klage oder Berufung zurückgenommen habe. Verf. v. 8./9. 84 (J.M.Bl. 213).

94. In bürgerlichen Rechtsstreitigkeiten kommen folgende besondere Vorschriften zur Anwendung:

1. Schon vor der Beendigung der Instanz werden mit dem Ablaufe je eines Jahres seit Bestimmung des ersten Termins oder Stellung des ersten Antrags die bis dahin entstandenen Gebühren und

Auslagen fällig.[1] Die einjährigen Fristen können auf Antrag von dem Gerichte verlängert werden.[2] Der Ablauf der Fristen begründet nicht die Zurückforderung eines nicht verbrauchten Vorschusses.

2. In den Fällen einer Widerklage oder wechselseitig eingelegter Rechtsmittel kann jede Partei, wenn sie das von ihr beantragte Verfahren zurücknimmt, die getrennte Berechnung der Gebühren und Auslagen für dasselbe und die Zurückzahlung des von ihr gezahlten nicht verbrauchten Vorschusses fordern.[3]

3. Eine nach §. 47 Abs. 2, §. 48 beschlossene Gebühr kann sofort nach dem Beschlusse von der in diesem bezeichneten Partei ohne Anrechnung eines derselben obliegenden Vorschusses erhoben werden.

[1] Schuldner: § 89.

[2] Nur vor dem Ablauf der Frist. Reichsgericht v. 6./11. 93 (Rassow u. Küntzel XXXVIII, 735).

[3] § 81 Abs. 2. Gebühren sind in diesem Falle nur für die Akte, welche auf das zurückgenommene Verfahren Bezug hatten, unter ausschließlicher Zugrundelegung des Werths des letzteren zu berechnen. Mot. 106.

95. Im Konkursverfahren können auf die im §. 51 und §. 58 Abs. 1 bestimmte Gebühr je nach dem Fortgange des Verfahrens Abschlagszahlungen erhoben werden.[1]

Die Erhebung der Gebühren und Auslagen kann im Falle des §. 54 sofort nach Abhaltung des Prüfungstermins oder Zurücknahme der Anmeldung, im Falle des §. 58 Abs. 2 sofort nach Erledigung des Antrags erfolgen.

[1] Vgl. § 50 K.O.

96. In Strafsachen werden die Gebühren und Auslagen, welche dem verurtheilten[1] Beschuldigten zur Last fallen, erst mit der Rechtskraft des Urtheils[2] fällig.[3]

[1] Die dem Freigesprochenen zur Last fallenden Auslagen (§§ 499, 500, 503 St.P.O., Anm. 1 zu § 62) werden bei Beendigung der Instanz fällig. § 93. Mot. 102.

[2] Später erwachsene Kosten (§ 494 Abs. 4 St.P.O.) werden bei Beendigung der Instanz fällig. § 93.

[3] Der Nachlaß des vor der Rechtskraft verstorbenen Verurtheilten haftet nicht für die Kosten. § 497 Abs. 2 St.P.O.

97. Die Schreibgebühr für Abschriften und Ausfertigungen, welche nicht von Amtswegen zu ertheilen sind, wird sofort nach Anfertigung der Schriftstücke fällig.

Die Anfertigung kann von vorgängiger Zahlung eines die Gebühr deckenden Betrags abhängig gemacht werden.[1]

[1] Beschwerde im Strafprozeß: § 346 St.P.O.; im Konkursverfahren: § 66 Abs. 3 K.O.; im Civilprozeß nur, soweit in der Entscheidung die Zurückweisung eines das Verfahren betreffenden Gesuchs zu finden ist: § 530 C.P.O.

Siebenter Abschnitt.

Schlußbestimmungen.

98. Von Zahlung der Gebühren[1] sind befreit:

das Reich[2] in dem Verfahren vor den Landesgerichten,

die Bundesstaaten in dem Verfahren vor dem Reichsgerichte.

Die landesgesetzlichen Vorschriften, welche für gewisse Rechtssachen oder gewisse Personen in dem Verfahren vor den Landesgerichten Gebührenfreiheit gewähren, werden durch dieses Gesetz nicht berührt.[3]

Für das Verfahren vor dem Reichsgerichte kann die Befreiung von Gebühren durch Kaiserliche Verordnung mit Zustimmung des Bundesraths gewährt werden.[4]

Soweit demjenigen, welchem die Gebührenfreiheit zusteht, Kosten des Verfahrens auferlegt werden (§. 86), sind Gebühren überhaupt nicht zu erheben und erhobene zurückzuzahlen.[5]

[1] Nicht der Auslagen. So auch Reichsgericht v. 8./4. 85 (Blum II, 35).

[2] Auch in den Sachen, welche die (Preußische) Militärverwaltung für Rechnung des Reichs führt. Reichsgericht v. 26./9. 89 (Jur. Woch. 402).

[3] Streit über die Anerkennung der Gebührenfreiheit wird gemäß § 4 entschieden. Vgl. Anm. 2 zu § 4.

[4] Die auf Grund dieser Vorschrift ergangene Verordnung, betreffend die Gebührenfreiheit in dem Verfahren vor dem Reichsgericht, vom 24. Dezember 1883 (R.G.B. v. 1884 S. 1), lautet:

1. In dem Verfahren vor dem Reichsgericht sind von Zahlung der Gebühren befreit:

1. öffentliche Armen-, Kranken-, Arbeits- und Besserungsanstalten, ferner Waisenhäuser und andere milde Stiftungen, insofern solche nicht einzelne Familien oder bestimmte Personen betreffen, oder in bloßen Studienstipendien bestehen;
2. öffentliche Volksschulen;
3. öffentliche gelehrte Anstalten und Schulen, Kirchen, Pfarreien, Kaplaneien, Vikarien und Küstereien, jedoch nur insoweit, als die Einnahmen derselben die etatsmäßige Ausgabe, einschließlich der Besoldung oder des statt dieser überlassenen Nießbrauchs, nicht übersteigen, und dieses durch ein Zeugniß der denselben vorgesetzten Staatsbehörden bescheinigt wird. Insoweit aber in Rechtsstreitigkeiten derselben solche An-

sprüche, welche lediglich das zeitige Interesse derjenigen berühren, welchen die Nutzung des betreffenden Vermögens für ihre Person zusteht, zugleich mitverhandelt werden, haben letztere die auf ihren Theil verhältnißmäßig fallenden Gebühren zu tragen.

2. Gegenwärtige Verordnung tritt mit dem Tage ihrer Verkündung in Kraft. Die Befreiung erstreckt sich auf alle bis dahin noch nicht fälligen Gebühren.

[5] Nur von der Staatskasse, nicht auch von dem gebührenfreien Theil darf in diesem Fall der Gegner einen von ihm gezahlten Gerichtskostenvorschuß erstattet verlangen. Reichsgericht v. 1./2. 94 (Jur. Woch. 122). Vgl. auch die Verf. des Preuß. Justizministers v. 16./4. 84 (J.M.Bl. 78).

99. Die Behörden[1] haben einander zum Zwecke der Einziehung von Gebühren und Auslagen nach näherer Bestimmung der vom Bundesrath zu erlassenden Anweisung[2] Beistand zu leisten.

[1] Verzeichniß der im Wege der Rechtshülfe um Einziehung der Gerichtskosten zu ersuchenden Behörden: Centralbl. f. d. D. R. von 1885 S. 79. Abänderungen 1886 S. 67, 1887 S. 33, 86, 1888 S. 2, 120, 1890 S. 145, 320, 1891 S. 84, 329, 1892 S. 175, 624, 1893 S. 20, 105.

[2] Vom 23. April 1880. Centralbl. f. d. D. R. S. 278. Dazu Vereinbarung der Landesjustizverwaltungen zu § 3, mitgetheilt durch Verf. des Preuß. Just.Min. v. 4./6. 87 (J.M.Bl. 158). Ferner: Preußen: Verf. v. 9./6. 80 (J.M.Bl. 145). Sachsen: Verordn. v. 17./11. 82 (J.M.Bl. 117). Baden: §§ 116 ff. Gerichtskostenordnung v. 2./1. 90 (Ges. u. Ver.Bl. 39).

100. Unberührt bleiben die bestehenden Landesgesetze, nach welchen neben der für ein Urtheil zu erhebenden Entscheidungsgebühr die Registrirungsgebühr für das im Urtheil festgestellte Rechtsverhältniß zu erheben ist.

*101. Beträgt die Gebühr für die Aufnahme eines Vergleichs oder die auf Grund eines Anerkenntnisses oder Verzichts erlassene Entscheidung (§§. 23, 41) weniger als die Gebühr oder Abgabe, welche nach den Landesgesetzen für einen außerhalb des Rechtsstreits abgeschlossenen Vergleich zur Staatskasse zu erheben sein würde, so ist der Mehrbetrag der letzteren neben der Entscheidungsgebühr zu erheben.

102. Dieses Gesetz tritt im ganzen Umfange des Reichs gleichzeitig mit dem Gerichtsverfassungsgesetz in Kraft.

2. Gebührenordnung für Gerichtsvollzieher.

Vom 24. Juni 1878.

(R.G.B. von 1878, Nr. 22, S. 166—172.)

In Kraft getreten am 1. Oktober 1879.

§ 26. — § 1 E.G. zum G.V.G.

Eingeführt in Helgoland seit 1./4. 1891: Art. I. Nr. VIII, 6 R.Ges. v. 22./3. 1891 (R.G.B. 22).

---

1. In den vor die ordentlichen Gerichte[1] gehörigen Rechtssachen, auf welche die Civilprozeßordnung, die Strafprozeßordnung oder die Konkursordnung Anwendung findet,[2] werden Gebühren und Auslagen des Gerichtsvollziehers nur nach Maßgabe der folgenden Bestimmungen erhoben.[3]

[1] Und vor die Konsulargerichte. §§ 10, 44, R.Ges. v. 10./7. 1879 (R.G.B. 197). In den vor die Gerichte der deutschen Schutzgebiete gehörigen Rechtssachen ist die Geltung der Geb.O. f. G.V. auf Grund von § 2, § 3 Nr. 10, § 11 Ges. v. 19./3. 88 (R.G.B. 75) überall durch Verordn. des Reichskanzlers ausgeschlossen.

[2] Vgl. Anm. 2 bis 5 zu § 1 des Gerichtskost.Ges.

[3] Soweit jenen die Landesgesetze noch andere Geschäfte im Bereich der C.P.O., St.P.O., K.O. zuweisen: § 25.

I. Gebühren.

1. Zustellung.

*2. Die Gebühr für jede Zustellung[1] beträgt 80 Pfennig, in den amtsgerichtlichen und den schöffengerichtlichen

Sachen, soweit diese Sachen nicht durch Einlegung eines Rechtsmittels an ein höheres Gericht gebracht sind . . . . 50 Pfennig, für die Zustellung durch Aufgabe zur Post (Civilprozeßordnung §. 161), für das an die Post gerichtete Ersuchen um Bewirkung einer Zustellung[2] (Civilprozeßordnung §. 177), sowie für die im Auftrag eines Anwalts an den Gegenanwalt bewirkte Zustellung die Hälfte jener Sätze.

Die Zustellung an den Zustellungsbevollmächtigten mehrerer Betheiligter (Civilprozeßordnung §. 172 Abs. 2) gilt als Eine Zustellung.

[1] D. i. für jede einzelne Uebergabe zuzustellender Schriftstücke. § 156 C.P.O. — Die zu übergebenden Abschriften hat der Auftraggeber zu fertigen. § 155 C.P.O. Anm. 1 zu § 14. Die Beglaubigung derselben geschieht gebührenfrei. Wegen Abschrift der Zustellungsurkunde vgl. § 14 Nr. 1.

[2] Zustellungsgebühr der Post: 20 Pf.; außerdem Porto für Hin- und Rücksendung. § 26 Postordnung v. 11./6. 92 (Centralbl. 444).

*3. Ist eine Zustellung durch den Gerichtsvollzieher bewirkt, obgleich sie mit geringeren Kosten durch die Post hätte erfolgen können, so erhält derselbe die Mehrkosten nur, wenn er zur Vornahme der Zustellung ohne Benutzung der Post ausdrücklich ermächtigt worden ist.[1]

[1] Entstandene Mehrkosten sind nicht erstattungsfähig: § 180 C.P.O.

2. Zwangsvollstreckung.

[1] Werthsberechnung: § 13 Abs. 2 Gerichtskost.Ges.

Pfändung.

*4. Die Gebühr für die Pfändung[1] von beweglichen körperlichen Sachen (Civilprozeßordnung §§. 712 713), von Früchten, welche von dem Boden noch nicht getrennt sind (Civilprozeßordnung §. 714), sowie von Forderungen aus Wechseln oder anderen Papieren welche durch Indossament übertragen werden können (Civilprozeßordnung §. 732), beträgt nach der Höhe der beizutreibenden Forderung:

bei	einem	Betrage	bis	50	Mark	einschließlich	1	Mark,
=	=	=	=	100	=	=	2	=
=	=	=	=	300	=	=	3	=
=	=	=	=	1000	=	=	4	=
=	=	=	=	5000	=	=	5	=
=	=	=	über	5000	=	....	6	=

Nimmt die Pfändung einen Zeitaufwand von mehr als zwei Stunden in Anspruch, so erhöht sich die Gebühr für jede angefangene weitere Stunde um ein Viertheil.[2]

Ist eine versuchte Pfändung ohne Erfolg geblieben, weil nach Inhalt des Protokolls[3] pfändbare Gegenstände nicht vorhanden waren, oder sich von der Verwerthung der pfändbaren Gegenstände ein Ueberschuß über die Kosten der Zwangsvollstreckung nicht erwarten ließ, so erhält der Gerichtsvollzieher die Hälfte der Gebühr.

[1] Einstellung der Zwangsvollstreckung vorher: § 10. — Erfolgt nach der Pfändung Zahlung, so wird neben der Gebühr des § 4 die des § 11 erhoben.

[2] Bei der Zeitberechnung wird nur die eigentliche Vollstreckungshandlung in Betracht gezogen; die Zeit für die nach § 12 vom Gerichtsvollzieher mit zu erledigenden Geschäfte nur, wenn und soweit diese im Laufe der Vollstreckungshandlung selbst vorkommen. Mot. 179. Ausnahme: § 8 Abs. 2. Reisezeit wird nicht eingerechnet.

§ 18 Nr. 8, § 17. Kom.Ber. 75. Ebenso Nr. 6 Verf. des Sächs. Just.Min. v. 25./2. 92 (J.M.Bl. 9). [3] § 682 C.P.O.

Uebernahme.

5. Für die Uebernahme beweglicher Sachen zum Zwecke der Verwerthung in den Fällen der §§. 699, 746, 751 der Civilprozeßordnung, sowie im Falle des Ausscheidens des Gerichtsvollziehers, welcher die Pfändung vorgenommen hat, und für die Pfändung bereits gepfändeter Sachen (Civilprozeßordnung §. 727) erhält der Gerichtsvollzieher[1] die Hälfte der in §. 4 bestimmten Gebühr.[2]

[1] Und zwar im Falle des Ausscheidens der neu eintretende, nicht der ausscheidende Gerichtsvollzieher. So auch Verf. d. Preuß. Just.Min. v. 11./7. 88 (Walter, Zeitschr. f. Ger.Vollz. 147) und Bayr. Bekanntm. v. 15./4. 90 (Bayr. J.M.Bl. 76).

[2] Einstellung der Zwangsvollstreckung vorher: § 10. — Erfolgt nach dem in § 5 bezeichneten Akt Zahlung, so wird neben der Gebühr des § 5 die des § 11 erhoben.

Wegnahme.

6. Der Gerichtsvollzieher erhält für die Wegnahme beweglicher Sachen[1] einschließlich der Uebergabe derselben (Civilprozeßordnung §. 769) eine Gebühr von 3 Mark.

Nimmt das Geschäft einen Zeitaufwand von mehr als zwei Stunden in Anspruch, so erhöht sich die Gebühr für jede angefangene weitere Stunde um 1 Mark.[2]

Ist eine versuchte Wegnahme ohne Erfolg geblieben, weil nach Inhalt des Protokolls die herauszugebenden Sachen nicht aufzufinden waren, so erhält der Gerichtsvollzieher die Hälfte der Gebühr, jedoch nicht unter 2 Mark.

[1] Einstellung der Zwangsvollstreckung vorher: § 10.

[2] Vgl. Anm. 2 zu § 4.

Zwangsverkauf.

7. Für die Versteigerung oder den Verkauf aus freier Hand von beweglichen Sachen, Früchten, welche von dem Boden noch nicht getrennt sind, Forderungen oder anderen Vermögensrechten[1] erhält der Gerichtsvollzieher

von dem Betrage des erzielten Erlöses bis zu		100 Mark	5	vom Hundert,
von dem Betrag über 100 Mark	bis	300 "	3	" "
" " " " 300 "	"	1000 "	2	" "
" " " " 1000 "	"	5000 "	1	" "
" " " " 5000 "	. . . .		1/2	" "

jedoch nicht unter 2 Mark.

[1] §§ 716—722, 725, 743, 754 C.P.O. — Vgl. auch § 12 Nr. 3—5, § 13 Nr. 6 dieses Gesetzes.

[2] Einstellung der Zwangsvollstreckung vorher: § 10.

Besitzentsetzung und Beseitigung von Widerstand.

8. Der Gerichtsvollzieher erhält

1. für die Entsetzung aus dem Besitz unbeweglicher Sachen oder bewohnter Schiffe und die Einweisung in denselben[1] (Civilprozeßordnung §. 771),
2. im Falle der Zuziehung zur Beseitigung des Widerstandes des Schuldners gegen die Vornahme einer Handlung[1] (Civilprozeßordnung §. 777)

eine Gebühr von 3 Mark für jede angefangene Stunde von dem Erscheinen an Ort und Stelle bis zur Beendigung seiner Thätigkeit.

In die Dauer der unter Nr. 1 erwähnten Vollstreckungshandlungen ist auch die Zeit einzurechnen, welche der Gerichtsvollzieher zu verwenden hat, um bewegliche Sachen, welche nicht Gegenstand der Zwangsvollstreckung sind, wegzuschaffen, zu übergeben oder in Verwahrung zu bringen.[2]

[1] Einstellung der Zwangsvollstreckung vorher: § 10. — Preußen: Verf. v. 11./7. 93 (J.M.Bl. 185).

[2] Vgl. im übrigen Anm. 2 zu § 4.

Verhaftung.

9. Der Gerichtsvollzieher erhält für die Verhaftung einer Person,[1] einschließlich der Ablieferung derselben zur Haft, und für die zwangsweise Vorführung einer Person[2] eine Gebühr von 15 Mark, für die Nachverhaftung einer bereits verhafteten Person 2 Mark.[3]

Konnte eine unternommene Verhaftung nicht ausgeführt werden, weil nach Inhalt des Protokolls sich bei derselben das Vorhandensein eines der in den §§. 785, 787 der Civilprozeßordnung aufgeführten Gründe herausgestellt hat, so erhält der Gerichtsvollzieher eine Gebühr von 5 Mark.

[1] Zur Zwangshaft §§ 355 Abs. 2, 597, 774, 782, 798 C.P.O. Wird landesgesetzlich auch die Abführung zur Strafhaft dem Gerichtsvollzieher übertragen: § 25.

[2] § 345 Abs. 2 C.P.O.

[3] Einstellung der Zwangsvollstreckung vorher: § 10.

Einstellung der Zwangsvollstreckung.

10. Hat eine Vollstreckungshandlung, nachdem[1] der

Gerichtsvollzieher sich an Ort und Stelle begeben hatte, zufolge der Vorschrift des §. 691 der Civilprozeßordnung oder in Folge der Zurücknahme des Auftrags nicht stattgefunden, so erhält derselbe

in den Fällen der §§. 4, 5 die Hälfte der im §. 4 Abs. 1 bestimmten Gebühr,

im Falle des §. 6 die daselbst Abs. 3 bestimmte Gebühr,

im Falle des §. 7 eine Gebühr von 2 Mark,

im Falle des §. 8 eine Gebühr von 3 Mark,

im Falle des §. 9 eine Gebühr von 5 Mark.

[1] Wenn vorher, werden nur die Auslagen ersetzt. § 12.

Leistung an den Gerichtsvollzieher.

***11.** Wird der Auftrag zur Zwangsvollstreckung durch Leistung an den Gerichtsvollzieher[1] erledigt,[2] so erhält derselbe

bei Zahlungen die in §. 4 bestimmte, nach dem gezahlten Betrage zu berechnende Gebühr,[3] jedoch wenn eine Pfändung vorausgegangen war, nicht unter 2 Mark,

bei Herausgabe von Sachen die in §. 6 bestimmte Gebühr.

[1] § 675 C.P.O.

[2] Vgl. Anm. 1 zu § 4 und Anm. 2 zu § 5.

[3] Für jede einzelne Theilzahlung oder nach dem Gesammtbetrage der geleisteten Zahlungen? Verf. des Preuß. Just.Min. v. 20./8. 84 (Walter, Zeitschr. f. Ger.Vollz. 1890 S. 97; auch 1891 S. 81). Bei Zahlungen für mehrere Gläubiger vgl. Elsaß-Lothringische Verf. v. 23./8. 92 (Samml. v. Ges. 2c. der Just.Verw Bd. XVII S. 490).

Umfang der Vollstreckungshandlung.

12. Die in den §§. 4 bis 11 bestimmten Gebühren umfassen die gesammte Thätigkeit des Gerichtsvollziehers bei der Zwangsvollstreckung,[1] insbesondere:

1. die Nachsuchung der Unterstützung der polizeilichen Vollzugsorgane und die Zuziehung der Zeugen und Sachverständigen (Civilprozeßordnung §§. 678, 679, 716);
2. die zu den Vollstreckungshandlungen gehörenden Mittheilungen, Aufforderungen, Zustellungen und Postsendungen;[2]
3. die Umschreibung eines auf den Namen lautenden Werthpapiers auf den Namen des Käufers und die Wiederinkurssetzung eines gepfändeten Inhaberpapiers[3] (Civilprozeßordnung §§. 723, 724);
4. die Annahme und Quittirung, Ablieferung oder Hinterlegung der schuldigen Leistungen, sowie des gepfändeten oder erlösten Geldes[4] und die Zurückgabe gepfändeter Gegenstände;[5]
5. die Bekanntmachung der Versteigerung.[6]

[1] Wegen der Zeitberechnung vgl. Anm. 2 zu § 4.
[2] Schreibgebühren: § 13 Nr. 1, § 14.
[3] § 7. Vgl. § 13 Nr. 6.
[4] Vor Ausführung einer Vollstreckungshandlung: § 11.
[5] Vgl. § 13 Nr. 7. [6] Vgl. § 13 Nr. 3.

II. Auslagen.

13. An baaren Auslagen werden dem Gerichtsvollzieher[1] vergütet:

1. die Schreibgebühren;

2. die Post- und Telegraphengebühren;
3. die durch öffentliche Bekanntmachungen, insbesondere durch Einrückung in öffentliche Blätter, entstandenen Kosten;
4. die an Zeugen und Sachverständige zu zahlenden Beträge;[2]
5. die Entschädigung der zum Oeffnen von Thüren und Behältnissen zugezogenen Personen;
6. die für Umschreibung eines auf Namen lautenden Werthpapiers oder für Wiederinkurssetzung eines Inhaberpapiers zu zahlenden Beträge;
7. die Kosten eines Transports von Personen oder Sachen, die Kosten der Verwahrung und Beaufsichtigung von Gegenständen, die Kosten der Aberntung von Früchten, sowie der Erhaltung von Thieren;
8. die Reisekosten.[3]

[1] Ausschließlich. § 1. [2] §§ 15, 16. [3] § 17.

14. Schreibgebühren werden dem Gerichtsvollzieher nach Maßgabe des §. 80 des Gerichtskostengesetzes vergütet:[1]

1. für alle nach gesetzlicher Vorschrift oder auf Antrag ertheilten Abschriften der von demselben aufgenommenen Urkunden und Protokolle, mit Ausnahme der nach gesetzlicher Vorschrift zu ertheilenden Abschrift der Zustellungsurkunde;[2] im Falle des §. 2 Abs. 2 wird ihm jedoch für jede Abschrift der Zustellungsurkunde die Schreibgebühr vergütet;

2. für die bei einer Hinterlegung zu erstattende Anzeige an das Vollstreckungsgericht (Civilprozeßordnung §§. 728, 751);
3. für die Aufnahme der von dem Drittschuldner nach Zustellung eines Pfändungsbeschlusses abgegebenen Erklärungen (Civilprozeßordnung §. 739);
4. für die vor der Verhaftung erforderliche Anzeige an die vorgesetzte Dienstbehörde des zu Verhaftenden (Civilprozeßordnung §. 791).

[1] Ferner für die herzustellende Abschrift eines im Auftrage einer Partei zuzustellenden Schriftstücks. Verf. des Preuß. Just.Min. v. 3./1. 85 (J.M.Bl. 6).
[2] § 173 Abs. 3 C.P.O.

***15.** Den zu einer Vollstreckungshandlung in Gemäßheit der Vorschrift des §. 679 der Civilprozeßordnung zugezogenen Zeugen kann eine Entschädigung bis zum Betrage von je 1 Mark gewährt werden.

16. Dem zur Abschätzung von Kostbarkeiten verwendeten Sachverständigen (Civilprozeßordnung §. 716) kann eine Vergütung nach dem ortsüblichen Preise einer solchen Leistung gewährt werden.

17. Muß der Gerichtsvollzieher behufs Vornahme einer Amtshandlung außerhalb seines dienstlichen Wohnsitzes einen Weg bis zur Entfernung von mehr als 2 Kilometer zurücklegen, so erhält er an Reisekosten für jedes angefangene Kilometer des Hinweges und des Rückweges eine Entschädigung von 10 Pfennig.

*Nimmt der Gerichtsvollzieher mehrere Geschäfte auf derselben Reise vor, so erhält er für jedes derselben die volle, nach der Entfernung des Ortes von seinem Amtssitz zu berechnende Entschädigung;[1] dabei gelten jedoch mehrere Geschäfte, welche für denselben Auftraggeber an demselben Orte[2] vorgenommen werden und welche sich auf dieselbe Rechtsangelegenheit beziehen, als Ein Geschäft.

[1] Ob auch bei gleichzeitiger Pfändung für mehrere Gläubiger? Verneint vom Reichsgericht v. 13./3. 84 (Walter, Zeitschr. f. Ger.Vollz. 1891 S. 156) und durch Verf. des Sächs. Just.Min. v. 11./12. 91 (Walter, 1892 S. 123).

[2] Auch an verschiedenen Orten, falls es sich um Akte eines und desselben Zwangsvollstreckungsauftrags handelt. So Verf. des Preuß. Just.Min. v. 29./6. 92 (Walter, Zeitschr. f. Ger.Vollz. 33).

III. Kostenvorschuß.

18. Der Gerichtsvollzieher kann die Uebernahme eines Geschäfts von der Zahlung eines zur Deckung der baaren Auslagen und des vermuthlichen Betrags der Gebühren hinreichenden Vorschusses abhängig machen, sofern nicht das Geschäft von Amtswegen angeordnet[1] oder für eine zum Armenrecht zugelassene Person[2] auszuführen ist.

[1] Dahin gehören nicht die Fälle der §§ 152 Abs. 2, 154, 674 Abs. 2 C.P.O., in denen der Gerichtsschreiber nur als Mittelsperson wirkt. — In Preußen dürfen auch für die von anderen Staatsbehörden, als den Justizbehörden ertheilten Aufträge keine Vorschüsse verlangt werden. Verf. v. 6./3. 85 (J.M.Bl. 99).

[2] §§ 106, 107 Nr. 3 C.P.O.

IV. Kostenzahlung.

19. Schuldner der Gebühren und Auslagen des Gerichtsvollziehers ist bei Geschäften, welche von Amtswegen angeordnet werden,[1] die Staatskasse, bei sonstigen Geschäften der Auftraggeber.

[1] Vgl. Anm. 1 zu § 18.

20. Die Gebühren und Auslagen sind, unbeschadet der Bestimmung des §. 697 der Civilprozeßordnung,[1] fällig, sobald der Auftrag erledigt ist. Der Gerichtsvollzieher ist berechtigt, dieselben von dem Auftraggeber durch Postvorschuß[2] zu erheben.[3]

[1] Sie sind mit dem zur Zwangsvollstreckung stehenden Anspruch beizutreiben.

[2] D. i. Postnachnahme. § 21 Postordnung v. 11./6. 92 (Centralbl. 439).

[3] Gerichtsstand für die Klage: § 34 C.P.O.

21. Im Falle der Bewilligung des Armenrechts werden dem für die arme Partei bestellten Gerichtsvollzieher die baaren Auslagen[1] von der Staatskasse ersetzt, falls nicht dieselben von dem Ersatzpflichtigen beigetrieben werden können (Civilprozeßordnung §§. 115, 697).

[1] Diese hat der Gerichtsvollzieher vorzuschießen. §§ 107 Nr. 3, 115 C.P.O.

V. Kostenansatz.

22. Bei Erinnerungen gegen den Ansatz von Gebühren oder Auslagen des Gerichtsvollziehers findet, soweit nicht §. 685 Abs. 2 der Civilprozeßordnung Platz greift, §. 4 des Gerichtskostengesetzes entsprechende Anwendung.[1]

[1] Wegen der Entscheidung im Aufsichtswege vgl. Verf. d. Preuß. Just.Min. v. 20./9. 86 (Walter, Zeitschrift f. Ger.Vollz. 1890 S. 97).

Ueber die Rückforderung eines gezahlten Vorschusses ist im ordentlichen Rechtswege zu entscheiden. Reichsgericht v. 28./12. 90 (Jur. Woch. 89).

23. Die Gerichtsvollzieher sind verpflichtet, unter den Urschriften und Abschriften ihrer Akte eine Berechnung der Gebühren und Auslagen aufzustellen und bei Geschäften, welche nach Verhältniß der verwendeten Zeit vergütet werden, in dem Protokolle die Dauer der letzteren anzugeben. Ist die Zeitangabe unterblieben, so darf nur die für die geringste Zeitdauer bestimmte Gebühr berechnet werden.

VI. Schlußbestimmungen.

24. Den einzelnen Bundesstaaten bleibt vorbehalten:

1. für Zustellungen, für deren Nachweis auf Grund des §. 39 der Strafprozeßordnung einfachere Formen zugelassen sind, abweichend von den Vorschriften dieses Gesetzes geringere Gebühren zu bestimmen;[1]
2. an Stelle von Gebühren und Auslagen, welche die Gerichtsvollzieher auf Grund dieses Gesetzes zu beanspruchen haben, denselben eine anderweite Vergütung zu gewähren.[2]

Für die von den ersatzpflichtigen Personen zu erhebenden Beträge bleiben im Falle der Nr. 2 die Bestimmungen dieses Gesetzes maßgebend.

[1] Bayern: § 2 Verordn. v. 6./9. 79 (Ges. u. Ver.Bl. 1105). Württemberg: § 3 Verf. v. 9./9. 79 (Reg.Bl. 351). Baden: §§ 21, 27 Verordn. v. 17./7. 79 (Ges. u. Ver.Bl. 335).

[2] Preußen: § 39 Ges. v. 10./3. 79 (G.S. 145) §§ 23—25 Ger.Vollz.Ord. v. 23./2. 85 (J.M.Bl. 55). Verf. v. 2./12. 89

(J.M.Bl. 287). Bayern: §§ 10, 32 Verord. v. 6./9. 79 (Ges. u. Ver.Bl. 1091), Verordn. v. 15./7. 81 (Ges. u. Ver.Bl. 821). Sachsen: § 3 Verordn. v. 10./9. 79 (Ges. u. Ver.Bl. 336). § 10 Verordn. v. 12./9. 79 (J.M.Bl. 138). Baden: § 24 Verordn. v. 17./7. 79 (Ges. u. Ver.Bl. 335).

25. Den einzelnen Bundesstaaten bleibt die Feststellung der Vergütung überlassen, wenn den Gerichtsvollziehern in Sachen, auf welche die Civilprozeßordnung, die Strafprozeßordnung oder die Konkursordnung Anwendung findet, Geschäfte übertragen werden, welche denselben in jenen Gesetzen nicht ausdrücklich zugewiesen sind.[1]

[1] Preußen: §§ 36, 39 Abs. 2 Ges. v. 10./3. 79 (G.S. 145). Bayern: §§ 5, 9 Verordn. v. 6./9. 79 (Ges. u. Ver.Bl. 1105). Elsaß-Lothringen: §§ 31, 33 Ges. v. 3./4. 80 (Ges.Bl. 58).

26. Dieses Gesetz tritt im ganzen Umfange des Reichs gleichzeitig mit dem Gerichtsverfassungsgesetz in Kraft.

3. Gebührenordnung für Zeugen und Sachverständige.

Vom 30. Juni 1878.

(R.G.B. von 1878, Nr. 22, S. 173—176.)
In Kraft getreten am 1. Oktober 1879.
§ 18 — § 1 E.G. zum G.V.G.
Eingeführt in Helgoland seit 1./4. 91: Art. I Nr. VIII, 7 R.Ges. v. 22./3. 91 (R.G.B. 22).

---

1. In den vor die ordentlichen Gerichte[1] gehörigen Rechtssachen, auf welche die Civilprozeßordnung, die Strafprozeßordnung oder die Konkursordnung Anwendung findet,[2] erhalten die Zeugen und Sachverständigen[3] Gebühren nach Maßgabe der folgenden Bestimmungen.[4]

[1] Und vor die Konsulargerichte. § 44 R.Ges. v. 10./7. 79 (R.G.B. 197). In den vor die Gerichte der deutschen Schutzgebiete gehörigen Rechtssachen ist die Geltung des G.O. f. Z. u. S. auf Grund von § 2, § 3 Nr. 10, § 11 R.Ges. v. 19./3. 88 (R.G.B. 75) überall durch Verord. des Reichskanzlers ausgeschlossen.

[2] Vgl. Anm. 2 bis 5 zu § 1. Gerichtskost.Ges. — Ferner im Verfahren vor den auf Grund des Unfallversicherungsgesetzes und des Invaliditäts- und Altersversicherungsgesetzes gebildeten Schiedsgerichten. § 17 Verord. v. 2./11. 85 (R.G.B. 283); § 17 Verord. v. 1./12. 90 (R.G.B. 199); im Verfahren vor den Gewerbegerichten: § 59 R.Ges. v. 29./7. 90 (R.G.B. 155) und im Verfahren in Patentangelegenheiten: § 13 Verord. v. 11./7. 91 (R.G.B. 352).

[3] Auf das Erscheinen der Zeugen rc. in dem die Rechtmäßigkeit einer Weigerung zur Ablegung des Zeugnisses rc. betreffenden

Verfahren findet die Gebührenordnung nicht Anwendung. R.G. XXVIII, 437.

[4] §§ 366, 378 C.P.O., §§ 70, 84 St.P.O., §§ 65, 67 K.O.

2. Der Zeuge erhält eine Entschädigung für die erforderliche Zeitversäumniß[1] im Betrage von zehn Pfennig bis zu einer Mark auf jede angefangene Stunde.

Die Entschädigung ist unter Berücksichtigung des von dem Zeugen versäumten Erwerbes zu bemessen[2] und für jeden Tag auf nicht mehr als zehn Stunden zu gewähren.

Personen, welche durch gemeine Handarbeit, Handwerksarbeit oder geringeren Gewerbebetrieb ihren Unterhalt suchen, oder sich in gleichen Verhältnissen mit solchen Personen befinden, erhalten die nach dem geringsten Satze zu bemessende Entschädigung auch dann, wenn die Versäumniß eines Erwerbes nicht stattgefunden hat.

[1] Gerechnet wird die Zeit, welche vom Verlassen der Wohnung oder Arbeitsstelle bis zur Rückkehr zu derselben verstreicht. Vgl. auch § 5.

[2] Hat er keinen Erwerb versäumt, so erhält er nichts. — Es steht im Ermessen des Gerichts, einen Nachweis für die Erwerbsversäumung zu verlangen. Reichsgericht v. 23./4. 90 (Rassow und Küntzel XXXIV, 1187).

3. Der Sachverständige erhält für seine Leistungen eine Vergütung nach Maßgabe der erforderlichen Zeitversäumniß[1] im Betrage bis zu zwei Mark auf jede angefangene Stunde.

Die Vergütung ist unter Berücksichtigung der Erwerbsverhältnisse des Sachverständigen zu bemessen[2] und für jeden Tag auf nicht mehr als zehn Stunden zu gewähren.

Außerdem sind dem Sachverständigen die auf die Vorbereitung des Gutachtens verwendeten Kosten[3] sowie die für eine Untersuchung verbrauchten Stoffe und Werkzeuge zu vergüten.

[1] Vgl. Anm. 1 zu § 2.

[2] Daß er Erwerb versäumt habe, ist nicht erforderlich.

[3] Eine Vergütung des zur Vorbereitung des Gutachtens erforderlichen Zeitaufwands ist nicht ausgeschlossen. Reichsgericht v. 10./6. 84 (Jur.Woch. 196). Für Anschaffung von Werkzeugen und Geräthschaften zur Vorbereitung des Gutachtens kann nichts, sondern nur für verbrauchte Werkzeuge 2c. Ersatz verlangt werden. Reichsgericht v. 3./3. 87 (Jur.Woch. 115).

4. Bei schwierigen Untersuchungen und Sachprüfungen ist dem Sachverständigen auf Verlangen für die aufgetragene Leistung[1] eine Vergütung nach dem üblichen Preise derselben und für die außerdem stattfindende Theilnahme an Terminen die im §. 3 bestimmte Vergütung zu gewähren.

[1] Für die zur Vorbereitung nöthige Zeitversäumniß in diesem Falle nicht.

5. Als versäumt gilt für den Zeugen oder Sachverständigen auch die Zeit, während welcher er seine gewöhnliche Beschäftigung nicht wieder aufnehmen kann.[1]

[1] Berechnet wird auch die Zeitversäumniß für Wege, die der Zeuge oder Sachverständige zu der ihm aufgetragenen Information zurücklegen mußte.

6. Mußte[1] der Zeuge oder Sachverständige außerhalb[2] seines Aufenthaltsortes[3] einen Weg bis zur Entfernung von mehr als zwei Kilometer zurücklegen,[4] so

ist ihm außer den nach §§. 2 bis 5 zu bestimmenden Beträgen eine Entschädigung für die Reise und für den durch die Abwesenheit von dem Aufenthaltsorte verursachten Aufwand nach Maßgabe der folgenden Bestimmungen zu gewähren.

[1] Nothwendig ist die Reise vom Aufenthaltsort aus immer, wenn dem Gericht bezw. der ladenden Partei bei der Ladung bekannt war, daß der Zeuge oder Sachverständige sich an diesem Ort aufhielt; anderenfalls nur, wenn er keine Zeit mehr hatte, dem Gericht von der Veränderung Anzeige zu machen, oder wenn er annehmen mußte, daß das Gericht trotz der Ortsveränderung auf seinem Erscheinen bestehen würde; dagegen überhaupt nicht, sofern der Zeuge nach Empfang der Ladung willkürlich seinen Aufenthaltsort vom Sitze des Gerichts weiter fort verlegt.

[2] Innerhalb: § 9. Der Weg innerhalb des Aufenthaltsorts wird nicht berechnet (vgl. § 9), wohl aber der innerhalb des Orts der Vernehmung.

[3] D. i. der Ort, wo der Zeuge oder Sachverständige sich vor Antritt der Reise zum Termin aufhielt, einerlei, ob dies zugleich sein Wohnsitz oder der Ort der Ladung ist.

[4] Sonst nur im Falle des § 10.

7. Soweit nach den persönlichen Verhältnissen des Zeugen oder Sachverständigen oder nach äußeren Umständen die Benutzung von Transportmitteln für angemessen zu erachten ist,[1] sind als Reiseentschädigung die nach billigem Ermessen in dem einzelnen Falle erforderlichen Kosten zu gewähren. In anderen Fällen beträgt die Reiseentschädigung für jedes angefangene Kilometer des Hinweges und des Rückweges fünf Pfennig.

[1] Einerlei, ob er wirklich Auslagen an Fuhrkosten gehabt hat (eigenes Fuhrwerk). Reichsgericht v. 28./1. 93 (Jur.Woch. 219).

8. Die Entschädigung für den durch Abwesenheit

von dem Aufenthaltsorte verursachten Aufwand ist nach den persönlichen Verhältnissen des Zeugen oder Sachverständigen zu bemessen, soll jedoch den Betrag von fünf Mark für jeden Tag, an welchem der Zeuge oder Sachverständige abwesend gewesen ist, und von drei Mark für jedes außerhalb genommene Nachtquartier nicht überschreiten.

9. Mußte der Zeuge oder Sachverständige innerhalb seines Aufenthaltsortes einen Weg bis zu einer Entfernung von mehr als zwei Kilometer zurücklegen,[1] so ist ihm für den ganzen zurückgelegten Weg eine Reiseentschädigung nach den Vorschriften des §. 7[2] zu gewähren.

[1] Sonst nur im Falle des § 10.

[2] Eine Entschädigung nach § 8 nicht.

10. Konnte der Zeuge oder Sachverständige den erforderlichen Weg ohne Benutzung von Transportmitteln nicht zurücklegen, so sind die nach billigem Ermessen erforderlichen Kosten auch außer den in den §§. 6, 9 bestimmten Fällen zu gewähren.

11. Abgaben für die erforderliche Benutzung eines Weges sind in jedem Falle zu erstatten.

12. Bedarf der Zeuge[1] wegen jugendlichen Alters oder wegen Gebrechen eines Begleiters, so sind die bestimmten Entschädigungen für Beide zu gewähren.

[1] Auf Sachverständige nicht anwendbar.

13. Soweit für gewisse Arten von Sachverständigen besondere Taxvorschriften bestehen, welche an dem

Orte des Gerichts, vor welches die Ladung erfolgt, und an dem Aufenthaltsorte[1] des Sachverständigen gelten,[2] kommen lediglich diese Vorschriften in Anwendung. Gelten solche Taxvorschriften nur an einem dieser Orte, oder gelten an demselben verschiedene Taxvorschriften, so kann der Sachverständige die Anwendung der ihm günstigeren Bestimmungen verlangen.[3]

Dolmetscher erhalten Entschädigung als Sachverständige nach den Vorschriften dieses Gesetzes, sofern nicht ihre Leistungen zu den Pflichten eines von ihnen versehenen Amtes gehören.[4]

[1] Nicht Wohnort. Vgl. Anm. 3 zu § 6.

[2] Z. B. Preußen: Medizinalbeamte, Ges. v. 9./3. 72 (Ges.Samml. 265), vgl. R.G. XXXI, 366; Land- bezw. Feldmesser, Regl. v. 26./8. 85 (Ges.Samml. 319), vgl. Reichsgericht v. 13./11. 86 (Jur.Woch. 446). Elsaß-Lothringen: Aerzte und Chemiker in Strafsachen: Ver. v. 17./1. 73 (Ges.Bl. 15) u. v. 5./5. 91 (Ges.Bl. 33).

[3] § 166 Abs. G.V.G.

[4] § 192 G.V.G.

14. Oeffentliche Beamte erhalten Tagegelder und Erstattung von Reisekosten nach Maßgabe der für Dienstreisen geltenden Vorschriften,[1] falls sie zugezogen werden:

1. als Zeugen über Umstände, von denen sie in Ausübung[2] ihres Amtes Kenntniß erhalten haben;
2. als Sachverständige, wenn sie aus Veranlassung ihres Amtes zugezogen werden[3] und die Ausübung der Wissenschaft, der Kunst oder des Gewerbes, deren Kenntniß Voraussetzung der Begutachtung ist, zu den Pflichten des von ihnen versehenen Amtes gehört.

Werden nach den Vorschriften dieses Paragraphen Tagegelder und Reisekosten gewährt, so findet eine weitere Vergütung an den Zeugen oder Sachverständigen nicht statt.

Die vorstehenden Bestimmungen finden auf Personen des Soldatenstandes entsprechende Anwendung.[4]

[1] Rechtsanwälte nicht. Reichsgericht v. 19./9. 92 (Jur.Woch. 422). Preußen: Medizinalbeamte, Ges. v. 9./3. 72 (Ges.Samml. 265). Gensdarmen, Verf. v. 22./6. 85 (J.M.Bl. 225) u. 21./6. 87 (J.M.Bl. 180); Land- bezw. Feldmesser, Reglem. v. 26./8. 85 (Ges. Samml. 319). Wegen der Notare vgl. Verf. v. 27./1. 93 (J.M.Bl. 45). Bayern: Gensdarmen, Bekanntm. v. 28./1. 84 (J.M.Bl. 17). Baden: Gensdarmen, Verord. v. 16./7. 84 (Ges. u. Ver.Bl. 338). Elsaß-Lothringen: Gensdarmen, §§ 1–3, 8 Ver. v. 5./12. 81 (Ges.Bl. 103), Verf. v. 21./1. 93 (Samml. v. Ges. rc. der Just.Verw. Bd. XVIII, 6).

[2] Nicht blos bei Gelegenheit; der Zeuge muß kraft seines Amtes die Verpflichtung gehabt haben, von dem Vorgange Kenntniß zu nehmen. Mot. 219.

[3] D. h. in amtlicher Eigenschaft, über Vorgänge, mit denen sie amtlich befaßt sind. R.G. XI, 436.

[4] Neu hinzugefügt durch § 1 R.Ges. v. 11./6. 90 (R.G.B. 73). — Maßgebend sind die Reiseordnung für die Personen des Soldatenstandes v. 21./3. 89 (angekündigt im Armee-Verordnungs-Bl. 84) und für die Marine Verord. v. 28./3. 92 (Marine-Verordnungs-Blatt 59).

15. Ist ein Sachverständiger für die Erstattung von Gutachten im Allgemeinen beeidigt, so können die Gebühren für die bei bestimmten Gerichten vorkommenden Geschäfte durch Uebereinkommen bestimmt werden.

16. Die Gebühren der Zeugen und Sachverständigen werden nur auf Verlangen derselben gewährt. Der Anspruch erlischt, wenn das Verlangen binnen drei Monaten nach Beendigung der Zuziehung oder Abgabe des Gutachtens bei dem zuständigen Gerichte nicht angebracht wird.

17. Die einem Zeugen oder Sachverständigen zu gewährenden Beträge werden durch das Gericht oder den Richter, vor welchem die Verhandlung stattfindet, festgesetzt.[1]

Sofern die Beträge aus der Staatskasse gezahlt und dieser nicht erstattet sind, kann die Festsetzung von dem Gericht oder dem Richter, durch welche sie erfolgt ist, sowie von dem Gerichte der höheren Instanz von Amtswegen berichtigt werden.[2]

Gegen die Festsetzung findet Beschwerde[3] nach Maßgabe der §§. 531 bis 538 der Civilprozeßordnung[4] und des §. 4 Abs. 3 des Gerichtskostengesetzes, in Strafsachen nach Maßgabe der §§. 346 bis 352 der Strafprozeßordnung statt.[5]

[1] Württemberg: Verf. v. 8./2. 85 (Amtsbl. d. Just.Min. 1). Baden: §§ 13 ff. Gerichtskostenordnung v. 2./1. 90 (Ges. u. Ver.Bl. 8). Elsaß-Lothringen: Verf. v. 23./2. u. 1./9. 87 u. 25./3. 89 (Samml. v. Ges. betr. die Just.Verw. Bd. XII S. 18, 373, Bd. XIV S. 134). Haftung des Richters der Staatskasse gegenüber wegen unrichtiger Festsetzung: R.G. XXIII, 326.

[2] Nur soweit nach Abs. 3 Beschwerde zulässig ist, darf seitens des höheren Gerichts einem „Antrag auf Berichtigung" stattgegeben werden. R.G. v. 16./1. 83 (VII, 421).

[3] Preußen: Verf. v. 27./3. 85 (J.M.Bl. 128). — Vgl. auch Anm. 5 zu § 4 Gerichtskosten.Ges.

[4] § 539 C.P.O. findet nicht Anwendung; gegen die Festsetzung des ersuchten Richters findet die Beschwerde an das im Instanzenzuge dem ersuchten Gericht, gegen die des beauftragten Richters an das dem Prozeßgericht übergeordnete Gericht statt. R.G. XVII, 352. Reichsgericht v. 7./3. 88 (Jur. Woch. S. 167) u. v. 8./4. 98 (Jur. Woch. 252).

[5] Anm. 6 zu § 4 Gerichtskost.Ges.

18. Dieses Gesetz tritt im ganzen Umfange des Reichs gleichzeitig mit dem Gerichtsverfassungsgesetz in Kraft.

Werthsklasse.					1. Verhandlungs-, Beweis- und Ent- (§§. 18, 20, Erste Instanz. Ordentliches Verfahren.	Erste Instanz. Urkunden- u. Wechselprozeß.	Zweite Instanz. Ordentliches Verfahren.	Zweite Instanz. Urkunden- u. Wechselprozeß.
		M.		M.	M.	M.	M.	M.
1.			bis	20	1,00	0,60	1,30	0,80
2.	über	20	"	60	2,40	1,50	3,00	1,80
3.	"	60	"	120	4,60	2,80	5,80	3,50
4.	"	120	"	200	7,50	4,50	9,40	5,70
5.	"	200	"	300	11,00	6,60	13,80	8,30
6.	"	300	"	450	15,00	9,00	18,80	11,30
7.	"	450	"	650	20,00	12,00	25,00	15,00
8.	"	650	"	900	26,00	15,60	32,50	19,50
9.	"	900	"	1 200	32,00	19,20	40,00	24,00
10.	"	1 200	"	1 600	38,00	22,80	47,50	28,50
11.	"	1 600	"	2 100	44,00	26,40	55,00	33,00
12.	"	2 100	"	2 700	50,00	30,00	62,50	37,50
13.	"	2 700	"	3 400	56,00	33,60	70,00	42,00
14.	"	3 400	"	4 300	62,00	37,20	77,50	46,50
15.	"	4 300	"	5 400	68,00	40,80	85,00	51,00
16.	"	5 400	"	6 700	74,00	44,40	92,50	55,50
17.	"	6 700	"	8 200	81,00	48,60	101,30	60,80
18.	"	8 200	"	10 000	90,00	54,00	112,50	67,50
19.	"	10 000	"	12 000	100,00	60,00	125,00	75,00
20.	"	12 000	"	14 000	110,00	66,00	137,50	82,50
21.	"	14 000	"	16 000	120,00	72,00	150,00	90,00
22.	"	16 000	"	18 000	130,00	78,00	162,50	97,50
23.	"	18 000	"	20 000	140,00	84,00	175,00	105,00
24.	"	20 000	"	22 000	150,00	90,00	187,50	112,50
25.	"	22 000	"	24 000	160,00	96,00	200,00	120,00
26.	"	24 000	"	26 000	170,00	102,00	212,50	127,50

*) Die volle Gebühr ist gleich der Verhandlungs-, Beweis- und Ent-

scheidungs-Gebühr. 24, 25, 49.) Dritte Instanz.		2. Bruchtheile der vollen Gebühr im Verfahren erster Instanz*).			
Ordentliches Verfahren.	Urkunden- u. Wechselprozeß.	1/10 §§. 37 Nr. 2, 38, 44, 46.	2/10 §§. 35, 37 Nr. 1, 43.	3/10 §§. 23, 27, 34, 36, 41, 42, 45, 47 Abs. 2.	5/10 §§. 22, 26, 29, 36, 42.
M.	M.	M.	M.	M.	M.
1,50	0,90	0,20	0,20	0,30	0,50
3,60	2,20	0,30	0,50	0,80	1,20
6,90	4,20	0,50	1,00	1,40	2,30
11,30	6,80	0,80	1,50	2,30	3,80
16,50	9,90	1,10	2,20	3,30	5,50
22,50	13,50	1,50	3,00	4,50	7,50
30,00	18,40	2,00	4,00	6,00	10,00
39,00	23,20	2,60	5,20	7,80	13,00
48,00	28,00	3,20	6,40	9,60	16,00
57,00	34,00	3,80	7,60	11,40	19,00
66,00	39,60	4,40	8,80	13,20	22,00
75,00	45,00	5,00	10,00	15,00	25,00
84,00	50,40	5,60	11,20	16,80	28,00
93,00	55,80	6,20	12,40	18,60	31,00
102,00	61,20	6,80	13,60	20,40	34,00
111,00	66,60	7,40	14,80	22,20	37,00
121,50	72,90	8,10	16,20	24,30	40,00
135,00	81,00	9,00	18,00	27,00	45,00
150,00	90,00	10,00	20,00	30,00	50,00
165,00	99,00	11,00	22,00	33,00	55,00
180,00	108,00	12,00	24,00	36,00	60,00
195,00	117,00	13,00	26,00	39,00	65,00
210,00	126,00	14,00	28,00	42,00	70,00
225,00	135,00	15,00	30,00	45,00	75,00
240,00	144,00	16,00	32,00	48,00	80,00
255,00	153,00	17,00	34,00	51,00	85,00

scheidungsgebühr im ordentlichen Verfahren erster Instanz.

Werthsklasse.				1. Verhandlungs-, Beweis- und Ent- (§§. 18, 20,			
				Erste Instanz.		Zweite Instanz.	
				Ordentliches Verfahren.	Urkunden- u. Wechselprozeß.	Ordentliches Verfahren.	Urkunden- u. Wechselprozeß.
		M.	M.	M.	M.	M.	M.
27.	über	26 000	bis 28 000	180,00	108,00	225,00	135,00
28.	„	28 000	„ 30 000	190,00	114,00	237,50	142,50
29.	„	30 000	„ 32 000	200,00	120,00	250,00	150,00
30.	„	32 000	„ 34 000	210,00	126,00	262,50	157,50
31.	„	34 000	„ 36 000	220,00	132,00	275,00	165,00
32.	„	36 000	„ 38 000	230,00	138,00	287,50	172,50
33.	„	38 000	„ 40 000	240,00	144,00	300,00	180,00
34.	„	40 000	„ 42 000	250,00	150,00	312,50	187,50
35.	„	42 000	„ 44 000	260,00	156,00	325,00	195,00
36.	„	44 000	„ 46 000	270,00	162,00	337,50	202,50
37.	„	46 000	„ 48 000	280,00	168,00	350,00	210,00
38.	„	48 000	„ 50 000	290,00	174,00	362,50	217,50
39.	„	50 000	„ 52 000	300,00	180,00	375,00	225,00
40.	„	52 000	„ 54 000	310,00	186,00	387,50	232,50
41.	„	54 000	„ 56 000	320,00	192,00	400,00	240,00
42.	„	56 000	„ 58 000	330,00	198,00	412,50	247,50
43.	„	58 000	„ 60 000	340,00	204,00	425,00	255,00
44.	„	60 000	„ 62 000	350,00	210,00	437,50	262,50
45.	„	62 000	„ 64 000	360,00	216,00	450,00	270,00
46.	„	64 000	„ 66 000	370,00	222,00	462,50	277,50
47.	„	66 000	„ 68 000	380,00	228,00	475,00	285,00
48.	„	68 000	„ 70 000	390,00	234,00	487,50	292,50
49.	„	70 000	„ 72 000	400,00	240,00	500,00	300,00
50.	„	72 000	„ 74 000	410,00	246,00	512,50	307,50
51.	„	74 000	„ 76 000	420,00	252,00	525,00	315,00
52.	„	76 000	„ 78 000	430,00	258,00	537,50	322,50

*) Die volle Gebühr ist gleich der Verhandlungs-, Beweis- und Ent-

scheidungs-Gebühr. 24, 25, 49.) Dritte Instanz.		2. Bruchtheile der vollen Gebühr im Verfahren erster Instanz*).			
Ordentliches Verfahren.	Urkunden- u. Wechselprozeß.	1/10 §§. 37 Nr. 2, 38, 44, 46.	2/10 §§. 35, 37 Nr. 1, 43.	3/10 §§. 23, 27, 34, 36, 41, 42, 45, 47 Abs. 2.	5/10 §§. 22, 26, 29, 36, 42.
M.	M.	M.	M.	M.	M.
270,00	162,00	18,00	36,00	54,00	90,00
285,00	171,00	19,00	38,00	57,00	95,00
300,00	180,00	20,00	40,00	60,00	100,00
315,00	189,00	21,00	42,00	63,00	105,00
330,00	198,00	22,00	44,00	66,00	110,00
345,00	207,00	23,00	46,00	69,00	115,00
360,00	216,00	24,00	48,00	72,00	120,00
375,00	225,00	25,00	50,00	75,00	125,00
390,00	234,00	26,00	52,00	78,00	130,00
405,00	243,00	27,00	54,00	81,00	135,00
420,00	252,00	28,00	56,00	84,00	140,00
435,00	261,00	29,00	58,00	87,00	145,00
450,00	270,00	30,00	60,00	90,00	150,00
465,00	279,00	31,00	62,00	93,00	155,00
480,00	288,00	32,00	64,00	96,00	160,00
495,00	297,00	33,00	66,00	99,00	165,00
510,00	306,00	34,00	68,00	102,00	170,00
525,00	315,00	35,00	70,00	105,00	175,00
540,00	324,00	36,00	72,00	108,00	180,00
555,00	333,00	37,00	74,00	111,00	185,00
570,00	342,00	38,00	76,00	114,00	190,00
585,00	351,00	39,00	78,00	117,00	195,00
600,00	360,00	40,00	80,00	120,00	200,00
615,00	369,00	41,00	82,00	123,00	205,00
630,00	378,00	42,00	84,00	126,00	210,00
645,00	387,00	43,00	86,00	129,00	215,00

scheidungsgebühr im ordentlichen Verfahren erster Instanz.

Werthsklasse.				1. Verhandlungs-, Beweis- und Ent- (§§. 18, 20,			
				Erste Instanz.		Zweite Instanz.	
				Ordentliches Verfahren.	Urkunden- u. Wechselprozeß.	Ordentliches Verfahren.	Urkunden- u. Wechselprozeß.
		M.	M.	M.	M.	M.	M.
53.	über	78 000 bis	80 000	440,00	264,00	550,00	330,00
54.	"	80 000 "	82 000	450,00	270,00	562,50	337,50
55.	"	82 000 "	84 000	460,00	276,00	575,00	345,00
56.	"	84 000 "	86 000	470,00	282,00	587,50	352,50
57.	"	86 000 "	88 000	480,00	288,00	600,00	360,00
58.	"	88 000 "	90 000	490,00	294,00	612,50	367,50
59.	"	90 000 "	92 000	500,00	300,00	625,00	375,00
60.	"	92 000 "	94 000	510,00	306,00	637,50	382,50
61.	"	94 000 "	96 000	520,00	312,00	650,00	390,00
62.	"	96 000 "	98 000	530,00	318,00	662,50	397,50
63.	"	98 000 "	100 000	540,00	324,00	675,00	405,00
64.	"	100 000 "	102 000	550,00	330,00	687,50	412,50
65.	"	102 000 "	104 000	560,00	336,00	700,00	420,00
66.	"	104 000 "	106 000	570,00	342,00	712,50	427,50
67.	"	106 000 "	108 000	580,00	348,00	725,00	435,00
68.	"	108 000 "	110 000	590,00	354,00	737,50	442,50
69.	"	110 000 "	112 000	600,00	360,00	750,00	450,00
70.	"	112 000 "	114 000	610,00	366,00	762,50	457,50
71.	"	114 000 "	116 000	620,00	372,00	775,00	465,00
72.	"	116 000 "	118 000	630,00	378,00	787,50	472,50
73.	"	118 000 "	120 000	640,00	384,00	800,00	480,00
74.	"	120 000 "	122 000	650,00	390,00	812,50	487,50
75.	"	122 000 "	124 000	660,00	396,00	825,00	495,00
76.	"	124 000 "	126 000	670,00	402,00	837,50	502,50
77.	"	126 000 "	128 000	680,00	408,00	850,00	510,00
78.	"	128 000 "	130 000	690,00	414,00	862,50	517,50

*) Die volle Gebühr ist gleich der Verhandlungs-, Beweis- und Ent-

scheidungs-Gebühr. 24, 25, 49.) Dritte Instanz.		2. Bruchtheile der vollen Gebühr im Verfahren erster Instanz *).			
		1/10	2/10	3/10	5/10
Ordentliches Verfahren.	Urkunden- u. Wechselprozeß.	§§. 37 Nr. 2, 38, 44, 46.	§§. 35, 37 Nr. 1, 43.	§§. 23, 27, 34, 36, 41, 42. 45, 47 Abs. 2.	§§. 22, 26, 29, 36, 42.
M.	M.	M.	M.	M.	M.
660,00	396,00	44,00	88,00	132,00	220,00
675,00	405,00	45,00	90,00	135,00	225,00
690,00	414,00	46,00	92,00	138,00	230,00
705,00	423,00	47,00	94,00	141,00	235,00
720,00	432,00	48,00	96,00	144,00	240,00
735,00	441,00	49,00	98,00	147,00	245,00
750,00	450,00	50,00	100,00	150,00	250,00
765,00	459,00	51,00	102,00	153,00	255,00
780,00	468,00	52,00	104,00	156,00	260,00
795,00	477,00	53,00	106,00	159,00	265,00
810,00	486,00	54,00	108,00	162,00	270,00
825,00	495,00	55,00	110,00	165,00	275,00
840,00	504,00	56,00	112,00	168,00	280,00
855,00	513,00	57,00	114,00	171,00	285,00
870,00	522,00	58,00	116,00	174,00	290,00
885,00	531,00	59,00	118,00	177,00	295,00
900,00	540,00	60,00	120,00	180,00	300,00
915,00	549,00	61,00	122,00	183,00	305,00
930,00	558,00	62,00	124,00	186,00	310,00
945,00	567,00	63,00	126,00	189,00	315,00
960,00	576,00	64,00	128,00	192,00	320,00
975,00	585,00	65,00	130,00	195,00	325,00
990,00	594,00	66,00	132,00	198,00	330,00
1 005,00	603,00	67,00	134,00	201,00	335,00
1 020,00	612,00	68,00	136,00	204,00	340,00
1 035,00	621,00	69,00	138,00	207,00	345,00

scheidungsgebühr im ordentlichen Verfahren erster Instanz.

Werthsklasse.				1. Verhandlungs-, Beweis- und Ent- (§§. 18, 20,			
				Erste Instanz.		Zweite Instanz.	
				Ordentliches Verfahren.	Urkunden- u. Wechselprozeß.	Ordentliches Verfahren.	Urkunden- u. Wechselprozeß.
		M.	M.	M.	M.	M.	M.
79.	über	130 000	bis 132 000	700,00	420,00	875,00	525,00
80.	„	132 000	„ 134 000	710,00	426,00	887,50	532,50
81.	„	134 000	„ 136 000	720,00	432,00	900,00	540,00
82.	„	136 000	„ 138 000	730,00	438,00	912,50	547,50
83.	„	138 000	„ 140 000	740,00	444,00	925,00	555,00
84.	„	140 000	„ 142 000	750,00	450,00	937,50	562,50
85.	„	142 000	„ 144 000	760,00	456,00	950,00	570,00
86.	„	144 000	„ 146 000	770,00	462,00	962,50	577,50
87.	„	146 000	„ 148 000	780,00	468,00	975,00	585,00
88.	„	148 000	„ 150 000	790,00	474,00	987,50	592,50
89.	„	150 000	„ 152 000	800,00	480,00	1 000,00	600,00
90.	„	152 000	„ 154 000	810,00	486,00	1 012,50	607,50
91.	„	154 000	„ 156 000	820,00	492,00	1 025,00	615,00
92.	„	156 000	„ 158 000	830,00	498,00	1 037,50	622,50
93.	„	158 000	„ 160 000	840,00	504,00	1 050,00	630,00
94.	„	160 000	„ 162 000	850,00	510,00	1 062,50	637,50
95.	„	162 000	„ 164 000	860,00	516,00	1 075,00	645,00
96.	„	164 000	„ 166 000	870,00	522,00	1 087,50	652,50
97.	„	166 000	„ 168 000	880,00	528,00	1 100,00	660,00
98.	„	168 000	„ 170 000	890,00	534,00	1 112,50	667,50
99.	„	170 000	„ 172 000	900,00	540,00	1 125,00	675,00
100.	„	172 000	„ 174 000	910,00	546,00	1 137,50	682,50
101.	„	174 000	„ 176 000	920,00	552,00	1 150,00	690,00
102.	„	176 000	„ 178 000	930,00	558,00	1 162,50	697,50
103.	„	178 000	„ 180 000	940,00	564,00	1 175,00	705,00
104.	„	180 000	„ 182 000	950,00	570,00	1 187,50	712,50

*) Die volle Gebühr ist gleich der Verhandlungs-, Beweis- und Ent-

scheidungs-Gebühr. 24, 25, 49.) Dritte Instanz.		2. Bruchtheile der vollen Gebühr im Verfahren erster Instanz*).			
Ordentliches Verfahren.	Urkunden- u. Wechselprozeß.	1/10 §§. 37 Nr. 2, 38, 44, 46.	2/10 §§. 35, 37 Nr. 1, 43.	3/10 §§. 23, 27, 34, 36, 41, 42, 45, 47 Abs. 2.	5/10 §§. 22, 26, 29, 36, 42.
M.	M.	M.	M.	M.	M.
1 050,00	630,00	70,00	140,00	210,00	350,00
1 065,00	639,00	71,00	142,00	213,00	355,00
1 080,00	648,00	72,00	144,00	216,00	360,00
1 095,00	657,00	73,00	146,00	219,00	365,00
1 110,00	666,00	74,00	148,00	222,00	370,00
1 125,00	675,00	75,00	150,00	225,00	375,00
1 140,00	684,00	76,00	152,00	228,00	380,00
1 155,00	693,00	77,00	154,00	231,00	385,00
1 170,00	702,00	78,00	156,00	234,00	390,00
1 185,00	711,00	79,00	158,00	237,00	395,00
1 200,00	720,00	80,00	160,00	240,00	400,00
1 215,00	729,00	81,00	162,00	243,00	405,00
1 230,00	738,00	82,00	164,00	246,00	410,00
1 245,00	747,00	83,00	166,00	249,00	415,00
1 260,00	756,00	84,00	168,00	252,00	420,00
1 275,00	765,00	85,00	170,00	255,00	425,00
1 290,00	774,00	86,00	172,00	258,00	430,00
1 305,00	783,00	87,00	174,00	261,00	435,00
1 320,00	792,00	88,00	176,00	264,00	440,00
1 335,00	801,00	89,00	178,00	267,00	445,00
1 350,00	810,00	90,00	180,00	270,00	450,00
1 365,00	819,00	91,00	182,00	273,00	455,00
1 380,00	828,00	92,00	184,00	276,00	460,00
1 395,00	837,00	93,00	186,00	279,00	465,00
1 410,00	846,00	94,00	188,00	282,00	470,00
1 425,00	855,00	95,00	190,00	285,00	475,00

scheidungsgebühr im ordentlichen Verfahren erster Instanz.

Werthsklasse.				1. Verhandlungs-, Beweis- und Ent- (§§. 18, 20,			
				Erste Instanz.		Zweite Instanz.	
				Ordentliches Verfahren.	Urkunden- u. Wechselprozeß.	Ordentliches Verfahren.	Urkunden- u. Wechselprozeß.
		M.	M.	M.	M.	M.	M.
105.	über	182 000 bis	184 000	960,00	576,00	1 200,00	720,00
106.	„	184 000 „	186 000	970,00	582,00	1 212,50	727,50
107.	„	186 000 „	188 000	980,00	588,00	1 225,00	735,00
108.	„	188 000 „	190 000	990,00	594,00	1 237,50	742,50
109.	„	190 000 „	192 000	1 000,00	600,00	1 250,00	750,00
110.	„	192 000 „	194 000	1 010,00	606,00	1 262,50	757,50
111.	„	194 000 „	196 000	1 020,00	612,00	1 275,00	765,00
112.	„	196 000 „	198 000	1 030,00	618,00	1 287,50	772,50
113.	„	198 000 „	200 000	1 040,00	624,00	1 300,00	780,00
114.	„	200 000 „	202 000	1 050,00	630,00	1 312,50	787,50
164.	„	300 000 „	302 000	1 550,00	930,00	1 937,50	1 162,50
214.	„	400 000 „	402 000	2 050,00	1 230,00	2 562,50	1 537,50
264.	„	500 000 „	502 000	2 550,00	1 530,00	3 187,50	1 912,50
314.	„	600 000 „	602 000	3 050,00	1 830,00	3 812,50	2 287,50
364.	„	700 000 „	702 000	3 550,00	2 130,00	4 437,50	2 662,50
414.	„	800 000 „	802 000	4 050,00	2 430,00	5 062,50	3 037,50
464.	„	900 000 „	902 000	4 550,00	2 730,00	5 687,50	3 412,50
514.	„	1 000 000 „	1 002 000	5 050,00	3 030,00	6 312,50	3 787,50
u.s.w. mit je 2000 M. steigend um				10,00	6,00	12,50	7,50

*) Die volle Gebühr ist gleich der Verhandlungs-, Beweis- und Ent-

scheidungs-Gebühr. 24, 25, 49.) Dritte Instanz.		2. Bruchtheile der vollen Gebühr im Verfahren erster Instanz *).			
Ordentliches Verfahren.	Urkunden- u. Wechselprozeß.	1/10 §§. 37 Nr. 2, 38, 44, 46.	2/10 §§. 35, 37 Nr. 1, 43.	3/10 §§. 23, 27, 34, 36, 41, 42, 45, 47 Abs. 2.	5/10 §§. 22, 26, 29, 36, 42.
M.	M.	M.	M.	M.	M.
1 440,00	864,00	96,00	192,00	288,00	480,00
1 455,00	873,00	97,00	194,00	291,00	485,00
1 470,00	882,00	98,00	196,00	294,00	490,00
1 485,00	891,00	99,00	198,00	297,00	495,00
1 500,00	900,00	100,00	200,00	300,00	500,00
1 515,00	909,00	101,00	202,00	303,00	505,00
1 530,00	918,00	102,00	204,00	306,00	510,00
1 545,00	927,00	103,00	206,00	309,00	515,00
1 560,00	936,00	104,00	208,00	312,00	520,00
1 575,00	945,00	105,00	210,00	315,00	525,00
2 325,00	1 395,00	155,00	310,00	465,00	775,00
3 075,00	1 845,00	205,00	410,00	615,00	1 025,00
3 825,00	2 295,00	255,00	510,00	765,00	1 275,00
4 575,00	2 745,00	305,00	610,00	915,00	1 525,00
5 325,00	3 195,00	355,00	710,00	1 065,00	1 775,00
6 075,00	3 645,00	405,00	810,00	1 215,00	2 025,00
6 825,00	4 095,00	455,00	910,00	1 365,00	2 275,00
7 575,00	4 545,00	505,00	1 010,00	1 515,00	2 525,00
15,00	9,00	1,00	2,00	3,00	5,00

scheidungsgebühr im ordentlichen Verfahren erster Instanz.

Werthsklasse.					Bruchtheile, Einfaches		
					1/10 §. 53.	3/10 §§. 53, 54, 57, 58 Abs. 2.	8/10 §. 51 Nr. 5.
		M.		M.	M.	M.	M.
1.			bis	20	0,20	0,30	0,80
2.	über	20	"	60	0,30	0,80	2,00
3.	"	60	"	120	0,50	1,40	3,70
4.	"	120	"	200	0,80	2,30	6,00
5.	"	200	"	300	1,10	3,30	8,80
6.	"	300	"	450	1,50	4,50	12,00
7.	"	450	"	650	2,00	6,00	16,00
8.	"	650	"	900	2,60	7,80	20,80
9.	"	900	"	1 200	3,20	9,60	25,60
10.	"	1 200	"	1 600	3,80	11,40	30,40
11.	"	1 600	"	2 100	4,40	13,20	35,20
12.	"	2 100	"	2 700	5,00	15,00	40,00
13.	"	2 700	"	3 400	5,60	16,80	44,80
14.	"	3 400	"	4 300	6,20	18,60	49,60
15.	"	4 300	"	5 400	6,80	20,40	54,40
16.	"	5 400	"	6 700	7,40	22,20	59,20
17.	"	6 700	"	8 200	8,10	24,30	64,80
18.	"	8 200	"	10 000	9,00	27,00	72,00
19.	"	10 000	"	12 000	10,00	30,00	80,00
20.	"	12 000	"	14 000	11,00	33,00	88,00
21.	"	14 000	"	16 000	12,00	36,00	96,00
22.	"	16 000	"	18 000	13,00	39,00	104,00
23.	"	18 000	"	20 000	14,00	42,00	112,00
24.	"	20 000	"	22 000	15,00	45,00	120,00
25.	"	22 000	"	24 000	16,00	48,00	128,00
26.	"	24 000	"	26 000	17,00	51,00	136,00
27.	"	26 000	"	28 000	18,00	54,00	144,00
28.	"	28 000	"	30 000	19,00	57,00	152,00
29.	"	30 000	"	32 000	20,00	60,00	160,00
30.	"	32 000	"	34 000	21,00	63,00	168,00

und Mehrfaches der vollen Gebühr.

1 §§. 54, 58.	$1^3/_{10}$ §. 51 Nr. 4.	$1^5/_{10}$ §. 51 Nr. 3.	$1^8/_{10}$ §. 51 Nr. 2.	2 §. 51 Nr. 1.
M.	M.	M.	M.	M.
1,00	1,30	1,50	1,80	2,00
2,40	3,20	3,60	4,40	4,80
4,60	6,00	6,90	8,30	9,20
7,50	9,80	11,30	13,50	15,00
11,00	14,30	16,50	19,80	22,00
15,00	19,50	22,50	27,00	30,00
20,00	26,00	30,00	36,00	40,00
26,00	33,80	39,00	46,80	52,00
32,00	41,60	48,00	57,60	64,00
38,00	49,40	57,00	68,40	76,00
44,00	57,20	66,00	79,20	88,00
50,00	65,00	75,00	90,00	100,00
56,00	72,80	84,00	100,80	112,00
62,00	80,60	93,00	111,60	124,00
68,00	88,40	102,00	122,40	136,00
74,00	96,20	111,00	133,20	148,00
81,00	105,30	121,50	145,80	162,00
90,00	117,00	135,00	162,00	180,00
100,00	130,00	150,00	180,00	200,00
110,00	143,00	165,00	198,00	220,00
120,00	156,00	180,00	216,00	240,00
130,00	169,00	195,00	234,00	260,00
140,00	182,00	210,00	252,00	280,00
150,00	195,00	225,00	270,00	300,00
160,00	208,00	240,00	288,00	320,00
170,00	221,00	255,00	306,00	340,00
180,00	234,00	270,00	324,00	360,00
190,00	247,00	285,00	342,00	380,00
200,00	260,00	300,00	360,00	400,00
210,00	273,00	315,00	378,00	420,00

Werthsklasse.					Bruchtheile, Einfaches		
					1/10 §. 53.	3/10 §§. 53, 54, 57, 58 Abs. 2.	8/10 §. 51 Nr. 5.
		M.		M.	M.	M.	M.
31.	über	34 000	bis	36 000	22,00	66,00	176,00
32.	„	36 000	„	38 000	23,00	69,00	184,00
33.	„	38 000	„	40 000	24,00	72,00	192,00
34.	„	40 000	„	42 000	25,00	75,00	200,00
35.	„	42 000	„	44 000	26,00	78,00	208,00
36.	„	44 000	„	46 000	27,00	81,00	216,00
37.	„	46 000	„	48 000	28,00	84,00	224,00
38.	„	48 000	„	50 000	29,00	87,00	232,00
39.	„	50 000	„	52 000	30,00	90,00	240,00
40.	„	52 000	„	54 000	31,00	93,00	248,00
41.	„	54 000	„	56 000	32,00	96,00	256,00
42.	„	56 000	„	58 000	33,00	99,00	264,00
43.	„	58 000	„	60 000	34,00	102,00	272,00
44.	„	60 000	„	62 000	35,00	105,00	280,00
45.	„	62 000	„	64 000	36,00	108,00	288,00
46.	„	64 000	„	66 000	37,00	111,00	296,00
47.	„	66 000	„	68 000	38,00	114,00	304,00
48.	„	68 000	„	70 000	39,00	117,00	312,00
49.	„	70 000	„	72 000	40,00	120,00	320,00
50.	„	72 000	„	74 000	41,00	123,00	328,00
51.	„	74 000	„	76 000	42,00	126,00	336,00
52.	„	76 000	„	78 000	43,00	129,00	344,00
53.	„	78 000	„	80 000	44,00	132,00	352,00
54.	„	80 000	„	82 000	45,00	135,00	360,00
55.	„	82 000	„	84 000	46,00	138,00	368,00
56.	„	84 000	„	86 000	47,00	141,00	376,00
57.	„	86 000	„	88 000	48,00	144,00	384,00
58.	„	88 000	„	90 000	49,00	147,00	392,00
59.	„	90 000	„	92 000	50,00	150,00	400,00
60.	„	92 000	„	94 000	51,00	153,00	408,00

und Mehrfaches der vollen Gebühr.

1 §§. 54, 58.	$1^{3}/_{10}$ §. 51 Nr. 4.	$1^{5}/_{10}$ §. 51 Nr. 3.	$1^{8}/_{10}$ §. 51 Nr. 2.	2 §. 51 Nr. 1.
M.	M.	M.	M.	M.
220,00	286,00	330,00	396,00	440,00
230,00	299,00	345,00	414,00	460,00
240,00	312,00	360,00	432,00	480,00
250,00	325,00	375,00	450,00	500,00
260,00	338,00	390,00	468,00	520,00
270,00	351,00	405,00	486,00	540,00
280,00	364,00	420,00	504,00	560,00
290,00	377,00	435,00	522,00	580,00
300,00	390,00	450,00	540,00	600,00
310,00	403,00	465,00	558,00	620,00
320,00	416,00	480,00	576,00	640,00
330,00	429,00	495,00	594,00	660,00
340,00	442,00	510,00	612,00	680,00
350,00	455,00	525,00	630,00	700,00
360,00	468,00	540,00	648,00	720,00
370,00	481,00	555,00	666,00	740,00
380,00	494,00	570,00	684,00	760,00
390,00	507,00	585,00	702,00	780,00
400,00	520,00	600,00	720,00	800,00
410,00	533,00	615,00	738,00	820,00
420,00	546,00	630,00	756,00	840,00
430,00	559,00	645,00	774,00	860,00
440,00	572,00	660,00	792,00	880,00
450,00	585,00	675,00	810,00	900,00
460,00	598,00	690,00	828,00	920,00
470,00	611,00	705,00	846,00	940,00
480,00	624,00	720,00	864,00	960,00
490,00	637,00	735,00	882,00	980,00
500,00	650,00	750,00	900,00	1 000,00
510,00	663,00	765,00	918,00	1 020,00

Werthsklasse.					Bruchtheile, Einfaches $^{1}/_{10}$ §. 53.	$^{3}/_{10}$ §§. 53, 54, 57, 58 Abs. 2.	$^{8}/_{10}$ §. 51 Nr. 5.
		M.		M.	M.	M.	M.
61.	über	94 000	bis	96 000	52,00	156,00	416,00
62.	„	96 000	„	98 000	53,00	159,00	424,00
63.	„	98 000	„	100 000	54,00	162,00	432,00
64.	„	100 000	„	102 000	55,00	165,00	440,00
65.	„	102 000	„	104 000	56,00	168,00	448,00
66.	„	104 000	„	106 000	57,00	171,00	456,00
67.	„	106 000	„	108 000	58,00	174,00	464,00
68.	„	108 000	„	110 000	59,00	177,00	472,00
69.	„	110 000	„	112 000	60,00	180,00	480,00
70.	„	112 000	„	114 000	61,00	183,00	488,00
71.	„	114 000	„	116 000	62,00	186,00	496,00
72.	„	116 000	„	118 000	63,00	189,00	504,00
73.	„	118 000	„	120 000	64,00	192,00	512,00
74.	„	120 000	„	122 000	65,00	195,00	520,00
75.	„	122 000	„	124 000	66,00	198,00	528,00
76.	„	124 000	„	126 000	67,00	201,00	536,00
77.	„	126 000	„	128 000	68,00	204,00	544,00
78.	„	128 000	„	130 000	69,00	207,00	552,00
79.	„	130 000	„	132 000	70,00	210,00	560,00
80.	„	132 000	„	134 000	71,00	213,00	568,00
81.	„	134 000	„	136 000	72,00	216,00	576,00
82.	„	136 000	„	138 000	73,00	219,00	584,00
83.	„	138 000	„	140 000	74,00	222,00	592,00
84.	„	140 000	„	142 000	75,00	225,00	600,00
85.	„	142 000	„	144 000	76,00	228,00	608,00
86.	„	144 000	„	146 000	77,00	231,00	616,00
87.	„	146 000	„	148 000	78,00	234,00	624,00
88.	„	148 000	„	150 000	79,00	237,00	632,00
89.	„	150 000	„	152 000	80,00	240,00	640,00
90.	„	152 000	„	154 000	81,00	243,00	648,00

und Mehrfaches der vollen Gebühr.

1	$1^{3}/_{10}$	$1^{5}/_{10}$	$1^{8}/_{10}$	2
§§. 54, 58.	§. 51 Nr. 4.	§. 51 Nr. 3.	§. 51 Nr. 2.	§. 51 Nr. 1.
M.	M.	M.	M.	M.
520,00	676,00	780,00	936,00	1 040,00
530,00	689,00	795,00	954,00	1 060,00
540,00	702,00	810,00	972,00	1 080,00
550,00	715,00	825,00	990,00	1 100,00
560,00	728,00	840,00	1 008,00	1 120,00
570,00	741,00	855,00	1 026,00	1 140,00
580,00	754,00	870,00	1 044,00	1 160,00
590,00	767,00	885,00	1 062,00	1 180,00
600,00	780,00	900,00	1 080,00	1 200,00
610,00	793,00	915,00	1 098,00	1 220,00
620,00	806,00	930,00	1 116,00	1 240,00
630,00	819,00	945,00	1 134,00	1 260,00
640,00	832,00	960,00	1 152,00	1 280,00
650,00	845,00	975,00	1 170,00	1 300,00
660,00	858,00	990,00	1 188,00	1 320,00
670,00	871,00	1 005,00	1 206,00	1 340,00
680,00	884,00	1 020,00	1 224,00	1 360,00
690,00	897,00	1 035,00	1 242,00	1 380,00
700,00	910,00	1 050,00	1 260,00	1 400,00
710,00	923,00	1 065,00	1 278,00	1 420,00
720,00	936,00	1 080,00	1 296,00	1 440,00
730,00	949,00	1 095,00	1 314,00	1 460,00
740,00	962,00	1 110,00	1 332,00	1 480,00
750,00	975,00	1 125,00	1 350,00	1 500,00
760,00	988,00	1 140,00	1 368,00	1 520,00
770,00	1 001,00	1 155,00	1 386,00	1 540,00
780,00	1 014,00	1 170,00	1 404,00	1 560,00
790,00	1 027,00	1 185,00	1 422,00	1 580,00
800,00	1 040,00	1 200,00	1 440,00	1 600,00
810,00	1 053,00	1 215,00	1 458,00	1 620,00

Werthsklasse.					Bruchtheile, Einfaches		
					1/10 §. 53.	3/10 §§. 53, 54, 57, 58 Abs. 2.	8/10 §. 51 Nr. 5.
		M.		M.	M.	M.	M.
91.	über	154 000	bis	156 000	82,00	246,00	656,00
92.	„	156 000	„	158 000	83,00	249,00	664,00
93.	„	158 000	„	160 000	84,00	252,00	672,00
94.	„	160 000	„	162 000	85,00	255,00	680,00
95.	„	162 000	„	164 000	86,00	258,00	688,00
96.	„	164 000	„	166 000	87,00	261,00	696,00
97.	„	166 000	„	168 000	88,00	264,00	704,00
98.	„	168 000	„	170 000	89,00	267,00	712,00
99.	„	170 000	„	172 000	90,00	270,00	720,00
100.	„	172 000	„	174 000	91,00	273,00	728,00
101.	„	174 000	„	176 000	92,00	276,00	736,00
102.	„	176 000	„	178 000	93,00	279,00	744,00
103.	„	178 000	„	180 000	94,00	282,00	752,00
104.	„	180 000	„	182 000	95,00	285,00	760,00
105.	„	182 000	„	184 000	96,00	288,00	768,00
106.	„	184 000	„	186 000	97,00	291,00	776,00
107.	„	186 000	„	188 000	98,00	294,00	784,00
108.	„	188 000	„	190 000	99,00	297,00	792,00
109.	„	190 000	„	192 000	100,00	300,00	800,00
110.	„	192 000	„	194 000	101,00	303,00	808,00
111.	„	194 000	„	196 000	102,00	306,00	816,00
112.	„	196 000	„	198 000	103,00	309,00	824,00
113.	„	198 000	„	200 000	104,00	312,00	832,00
114.	„	200 000	„	202 000	105,00	315,00	840,00
164.	„	300 000	„	302 000	155,00	465,00	1 240,00
214.	„	400 000	„	402 000	205,00	615,00	1 640,00
264.	„	500 000	„	502 000	255,00	765,00	2 040,00
314.	„	600 000	„	602 000	305,00	915,00	2 440,00
364.	„	700 000	„	702 000	355,00	1 065,00	2 840,00
414.	„	800 000	„	802 000	405,00	1 215,00	3 240,00

und Mehrfaches der vollen Gebühr.

1 §§. 54, 58.	1 3/10 §. 51 Nr. 4.	1 5/10 §. 51 Nr. 3.	1 8/10 §. 51 Nr. 2.	2 §. 51 Nr. 1.
M.	M.	M.	M.	M.
820,00	1 066,00	1 230,00	1 476,00	1 640,00
830,00	1 079,00	1 245,00	1 494,00	1 660,00
840,00	1 092,00	1 260,00	1 512,00	1 680,00
850,00	1 105,00	1 275,00	1 530,00	1 700,00
860,00	1 118,00	1 290,00	1 548,00	1 720,00
870,00	1 131,00	1 305,00	1 566,00	1 740,00
880,00	1 144,00	1 320,00	1 584,00	1 760,00
890,00	1 157,00	1 335,00	1 602,00	1 780,00
900,00	1 170,00	1 350,00	1 620,00	1 800,00
910,00	1 183,00	1 365,00	1 638,00	1 820,00
920,00	1 196,00	1 380,00	1 656,00	1 840,00
930,00	1 209,00	1 395,00	1 674,00	1 860,00
940,00	1 222,00	1 410,00	1 692,00	1 880,00
950,00	1 235,00	1 425,00	1 710,00	1 900,00
960,00	1 248,00	1 440,00	1 728,00	1 920,00
970,00	1 261,00	1 455,00	1 746,00	1 940,00
980,00	1 274,00	1 470,00	1 764,00	1 960,00
990,00	1 287,00	1 485,00	1 782,00	1 980,00
1 000,00	1 300,00	1 500,00	1 800,00	2 000,00
1 010,00	1 313,00	1 515,00	1 818,00	2 020,00
1 020,00	1 326,00	1 530,00	1 836,00	2 040,00
1 030,00	1 339,00	1 545,00	1 854,00	2 060,00
1 040,00	1 352,00	1 560,00	1 872,00	2 080,00
1 050,00	1 365,00	1 575,00	1 890,00	2 100,00
1 550,00	2 015,00	2 325,00	2 790,00	3 100,00
2 050,00	2 665,00	3 075,00	3 690,00	4 100,00
2 550,00	3 315,00	3 825,00	4 590,00	5 100,00
3 050,00	3 965,00	4 575,00	5 490,00	6 100,00
3 550,00	4 615,00	5 325,00	6 390,00	7 100,00
4 050,00	5 265,00	6 075,00	7 290,00	8 100,00

Werthsklasse.	Bruchtheile, Einfaches		
	1/10 §. 53.	3/10 §§. 53, 54, 57, 58 Abs. 2.	8/10 §. 51 Nr. 5.
M. M.	M.	M.	M.
464. über 900 000 bis 902 000	455,00	1 365,00	3 640,00
514. „ 1 000 000 „ 1 002 000	505,00	1 515,00	4 040,00
u. s. w. mit je 2000 M. steigend um	1,00	3,00	8,00

C. Straf-

1. Bruchtheile und Einfaches der Gebühr

Rechtskräftig erkannte Strafe.

		M.		M.				
1.	von	1	b. einschl.	20	od. von	1 Tag	b. einschl.	10 Tage
2.	mehr als	20	„	30	od. mehr als	10 Tage	„	14 „
3.	„	30	„	60	„	14 „	„	4 Woch.
4.	„	60	„	150	„	4 Woch.	„	6 „
5.	„	150	„	300	„	6 „	„	3 Mon.
6.	„	300	„	500	„	3 Mon.	„	6 „
7.	„	500	„	1 000	„	6 „	„	1 Jahr
8.	„	1 000	„	1 500	„	1 Jahr	„	2 Jahre
9.	„	1 500	„	3 000	„	2 Jahre	„	3 „
10.	„	3 000			„	3 „	„	10 „
11.	mehr als zehn Jahre							
12.	Verweis							
13.	Verlust der Ehrenrechte allein							

2. Gebühren im Verfahren auf

und Mehrfaches der vollen Gebühr.

1 §§. 54, 58.	$1^{3}/_{10}$ §. 51 Nr. 4.	$1^{5}/_{10}$ §. 51 Nr. 3.	$1^{8}/_{10}$ §. 51 Nr. 2.	2 §. 51 Nr. 1.
M.	M.	M.	M.	M.
4 550,00	5 915,00	6 825,00	8 190,00	9 100,00
5 050,00	6 565,00	7 575,00	9 090,00	10 100,00
10,00	13,00	15,00	18,00	20,00

verfahren.

im Verfahren auf erhobene öffentliche Klage.

$^{1}/_{10}$ §§. 66, 67 Abs. 2.	$^{2}/_{10}$ §§. 64 Abs. 1, 67 Abs. 1.	$^{4}/_{10}$ §§. 63 Abs. 2, 65 Abs. 3, 67 Abs. 1.	$^{5}/_{10}$ §§. 64, 65 Abs. 2.	1 §§. 62, 65 Abs. 1.
M.	M.	M.	M.	M.
0,50	1,00	2,00	2,50	5,00
1,00	2,00	4,00	5,00	10,00
2,00	4,00	8,00	10,00	20,00
3,00	6,00	12,00	15,00	30,00
4,50	9,00	18,00	22,50	45,00
6,00	12,00	24,00	30,00	60,00
7,50	15,00	30,00	37,50	75,00
10,00	20,00	40,00	50,00	100,00
13,00	26,00	52,00	65,00	130,00
18,00	36,00	72,00	90,00	180,00
30,00	60,00	120,00	150,00	300,00
0,50	1,00	2,00	2,50	5,00
4,50	9,00	18,00	22,50	45,00

erhobene Privatklage: §§. 70 ff.

Sach-Register.

Die mit G. bezeichneten Zahlen geben die §§ des Gerichtskostengesetzes; die mit G.V. bezeichneten diejenigen der Gebührenordnung für Gerichtsvollzieher; die mit G.Z.S. bezeichneten die der Gebührenordnung für Zeugen und Sachverständige.

A.

B.

C.

D.

E.

F.

G.

H.

J.

K.

L.

M.

N.

O.

P.

Q.

R.

S.

T.

U.

V.

Pierer'sche Hofbuchdruckerei. Stephan Geibel & Co. in Altenburg.

17. **Gebührenordnung für Rechtsanwälte.** Von R. Sydow. Vierte Auflage. 60 Pf.

18. **Reichsgesetz über die Reichsstempelabgaben** in der Fassung des Gesetzes vom 27. April 1894 (Börsensteuergesetz). Von B. Gaupp. Sechste Auflage von P. Loeck. 3 Mark.

19. **Die Seegesetzgebung des Deutschen Reiches.** Von Dr. jur. W. E. Knitschky. Zweite Auflage. 3 Mark 80 Pf..

20. **Krankenversicherungsgesetz vom 15. Juni 1883** und vom 10. April 1892. Von E. v. Woedtke. Fünfte Auflage. 2 Mark.

21. **Die Konsulargesetzgebung des Deutschen Reiches.** Von Dr. Ph. Zorn. 4 Mark.

22a. **Patentgesetz. Gesetze über den Schutz von Gebrauchsmustern, über Muster- und Modellschutz.** Von T. Ph. Berger. Dritte Auflage von Dr. R. Stephan. 1 M. 25 Pf.

22b. **Gesetz zum Schutz der Waarenbezeichnungen.** Von Dr. R. Stephan. Dritte Auflage der Erläuterungen des Gesetzes über Markenschutz von T. Ph. Berger. 90 Pf.

23. **Unfallversicherungsgesetz** und **Ausdehnungsgesetz.** Von E. von Woedtke. Vierte Auflage. 2 Mark.

24. **Reichsgesetz, betreffend die Kommanditgesellschaften auf Aktien und die Aktiengesellschaften.** Von H. Keyßner und Dr. H. V. Simon. Dritte Auflage. 1 Mark.

25. **Gesetz wegen Erhebung der Brausteuer** vom 31. Mai 1872. Von E. Bertho. 1 Mark 60 Pf.

26. **Die Reichsgesetzgebung über Münz- und Bankwesen, Papiergeld, Prämienpapiere und Reichsanleihen.** Von Dr. R. Koch. Zweite Auflage. 2 Mark 40 Pf.

27. **Die Gesetzgebung, betr. d. Gesundheitswesen im D. Reich.** Von Dr. jur. E. Goesch und Dr. med. J. Karsten. 1 Mark 60 Pf.

28. **Gesetz, betreffend die Unfallversicherung der bei Bauten beschäftigten Personen.** Von Leo Mugdan. 1 Mark 25 Pf.

29. **Gesetz, betreffend die Erwerbs- und Wirthschaftsgenossenschaften.** Von L. Parisius. 6. Auflage. 1 Mark 25 Pf.

30. **Gesetz, betreffend die Invaliditäts- und Altersversicherung der Arbeiter.** Von E. von Woedtke. 4. Auflage. 2 Mark.

31. **Reichsgesetz, betr. die Gewerbegerichte.** Vom 29. Juli 1890 Von L. Mugdan. Dritte Auflage. 1 Mark 50 Pf.

32. **Reichsgesetz, betreffend die Gesellschaften mit beschränkter Haftung.** Von L. Parisius. 2. Auflage. 1 Mark.

33. **Das Vereins- und Versammlungsrecht in Deutschland.** Von Dr. E. Ball. 2 M. 25 Pf.

34. **Gesetz, betr. die Abzahlungsgeschäfte.** Von Geh. Regierungsrath Hoffmann. 95 Pf.

(Fortsetzung siehe dritte Seite des Umschlages.)

FSC
www.fsc.org
MIX
Papier | Fördert
gute Waldnutzung
FSC® C083411

Kolibri 360 GmbH
Ferdinand-Jühlke-Straße 7
99095 Erfurt, Deutschland
produktsicherheit@kolibri360.de